2011 november 28

Als ik W!J word

Amy van der Weerden

Als ik W!J word

Nieuwe vormen van verbondenheid

Jonneke Bekkenkamp
Joris Verheijen
(red.)

Parthenon
Almere

W!J is een samenwerkingsproject van het Dominicaans Studiecentrum voor Theologie en Samenleving, Intermonde en Echte Welvaart.
www.nieuwwij.nl

KERK EN WERELD

Deze publicatie is mede mogelijk gemaakt door de financiële steun van Kerk en Wereld.

Uitgeverij Parthenon
Eikenstraat 39
1326 AG Almere
info@uitgeverijparthenon.nl
www.uitgeverijparthenon.nl

Voor zover het maken van kopieën uit deze uitgave is toegestaan, dient men de wettelijk verschuldigde vergoedingen te voldoen aan de Stichting Reprorecht (Postbus 3051, 2130 KB Hoofddorp). Voor het overnemen van gedeelte(n) uit deze uitgave in readers en andere compilatiewerken dient men zich tot de uitgever te wenden.

© 2010 Dominicaans Studiecentrum voor Theologie en Samenleving. Alle rechten voorbehouden. Niets van deze uitgave mag worden verveelvoudigd, opgeslagen in een geautomatiseerd gegevensbestand of openbaar gemaakt, in enige vorm of op enige wijze, hetzij elektronisch, mechanisch, door fotokopieën, opnamen of op enig andere manier, zonder voorafgaande schriftelijke toestemming van de rechthebbenden.

© 2010 Dominicaans Studiecentrum voor Theologie en Samenleving. All rights reserved. No part of this publication may be reproduced, stored in a retrieval system, or transmitted, in any form or by any means, electronic, mechanical, photocopying, recording, or otherwise, without prior permission in writing from the proprietors.

Afbeeldingen in hoofdstuk 3: © Loesje, Arnhem

OMSLAG: Löss grafisch ontwerpers, Amsterdam
TREFWOORDEN: cultuurfilosofie, levensbeschouwing, integratie, emancipatie, samenlevingsvraagstukken.
NUR: 740
ISBN | EAN: 978 90 79578 153

Inhoud

Inleiding: W!J – nieuwe vormen van verbondenheid   6

1. Samen stil zijn, *Joris Verheijen*   12
2. Liefdesbaby's: verbeeldingen van de interculturele familie, *Inez van der Spek*   29
3. Loesje en de kunst van het citeren, *Jonneke Bekkenkamp*   41
4. Theater als wij-water: gemeenschap en liturgie bij de Bloeiende Maagden, *Kees de Groot*   63
5. De Suryoyo-gemeenschap in Nederland: impressies van een kennismaking, *Kees den Biesen*   81
6. 'Zoals immers het lichaam één is': de inspiratie van Paulus, *André Lascaris*   96

Nawoord: W!J is veel, *Nico Schreurs*   110
Over de auteurs   113
Noten   115

Blijkbaar zitten we nu in het ik-tijdperk. Zijn wij mensen niet kudde dieren.

Inleiding

W!J: nieuwe vormen van verbondenheid

Niets spreekt vanzelf. Wij zeggen in het ik-tijdperk al helemaal niet. Wat vanzelfsprekend leek – het 'wij' van familie, van vast werk en van een nationale identiteit – is op de helling komen te staan. Vriendschap als vrije verwantschap leek ooit een luxe, maar tegenwoordig ervaart bijna iedereen wel de noodzaak om daarin te investeren. Internet lijkt daar volop nieuwe kansen voor te bieden, maar de keuze voor 'ontvrienden' als woord van het jaar 2009 is een teken aan de wand dat ook netwerken op internet geen vanzelfsprekend gevoel van verbondenheid oplevert. 'Alles wat we gemeen hebben is de illusie van samen', schreef Raoul Vaneigem al in mei '68, 'en een collectieve behoefte om ons isolement te doorbreken.'[1]

Eenzaamheid op individueel niveau, polarisatie op maatschappelijk niveau. Dat zijn tendensen die toenemen en elkaar lijken te versterken. TNS/Nipo publiceerde februari 2009 de uitkomsten van een onderzoek, uitgevoerd in opdracht van Coalitie Erbij – een groep van maatschappelijke organisaties die zich hebben verenigd om de eenzaamheid in Nederland aan te pakken. De uitkomst was verrassend: niet ouderen, maar jongeren tot 34 jaar blijken zich het vaakst eenzaam te voelen. De oorzaak wordt vooral gezocht in de individualisering van de maatschappij en het afnemende belang van traditionele sociale netwerken.

Op maatschappelijk niveau zijn politieke, godsdienstige en culturele verbanden aan het verdwijnen of losser aan het worden. Links en rechts wordt er gezocht naar nieuwe vormen van 'wij', van Trots op Nederland en de PVV tot de Lijst Liefde of Coalitie Erbij.

Op 1 december 2008 is het project W!J gestart, met de website *www.nieuwwij.nl*. Het uitroepteken in 'W!J' is geen typefout, maar een oproep voor een niet uitsluitend wij, een wij zonder zij. Aan dat W!J-project is deze bundel gelieerd. Het Dominicaans Studiecentrum voor Theologie en Samenleving vroeg ons, een los-vaste groep wetenschappers, om op freelance basis onderzoek te doen naar nieuwe vormen van 'wij'. Wij presenteren hierbij onze eerste resultaten. Op *www.nieuwwij.nl* zijn ook andere onderzoeken in wording te volgen. Elke onderzoeker is uitgegaan van zijn of haar persoonlijke observaties en reflecties: waar vind ik een 'nieuw wij', waar werkt het en waar wringt het?[2]

Geen gemeenschap zonder verhalen. Maar hoe diverser de bevolking, des te zeldzamer zijn gemeenschappelijke verhalen. Helpt het om samen stil te zijn? Sommige beoefenaars van de gedeelde stilte geloven dat. Samen stil zijn zou een ideale gemeenschap creëren, een 'wij' zonder institutionele apparaten en zonder botsende meningen. Joris Verheijen, zelf een geregelde deelnemer aan stilteretraites, vraagt zich af hoe reëel het visioen is van een pure gemeenschap waarin stilte de rol vervult van een universele taal. Stilte is vaak in de eerste plaats een bedreigende, tegenstrijdige ervaring van innerlijk lawaai en existentiële eenzaamheid. Vandaar dat het verbindende effect van stilte zeker niet voor iedereen werkt. Waar het wel werkt, werkt het pas in tweede instantie. En dan niet omdat de deelnemers allemaal dezelfde tijdloze waarheid in zichzelf ontdekken, maar door het besef van een gedeeld gemis dat zich in stilte uitdrukt.

Wat veel mensen missen is de vanzelfsprekendheid van familie. Het moderne gezin is op drift geraakt: in Nederland eindigt een op de drie huwelijken in scheiding. En al worden de scherven van die gebroken gezinnen vaak weer aan elkaar gelijmd tot nieuwe gezinnen, helemaal gaaf wordt het oude ideaal niet meer. Inez van der Spek signaleert in de roman *De langverwachte* van Abdelkader Benali, en in de televisiecomedy TÜRKISCH FÜR ANFÄNGER (Duitsland: 2006-2008) een nieuwe vorm van familie-'wij'. Zowel het boek als de televisie serie eindigen met de geboorte van een interculturele baby. De liefdesbaby's brengen een kortstondige verlossing uit tweespalt en isolement. Een definitieve verlossing is er niet. Om dit besef draaglijk te maken wordt zowel in de roman als in de televisieserie de beproefde overlevingsstrategie van de humor ingezet. De zo geschapen multiculturele komedies bieden volgens Van der Spek een krachtig alternatief voor de terugkerende verhalen over het zogenaamde multiculturele drama.

'Multicultureel. O je bedoelt zoals de wereld?' zegt een poster van Loesje tegen de voorbijgangers. In 'Loesje en de kunst van het citeren' richt Jonneke Bekkenkamp zich op een nieuw wij van de straat: 'Democratie. Nou wij.' Loesje koestert het oude ideaal van de publieke ruimte als een agora waar mensen elkaar ontmoeten. Haar verrassende uitspraken zijn een licht tegenwicht tegen de vercommercialisering van de openbare ruimte. Bekkenkamp verklaart haar eigen fascinatie voor Loesjes schijnbaar simpele teksten door ze te lezen in het licht van vier boeken waarin op prototypische wijze een wijze van wij-zeggen wordt omschreven: *De gedroomde samenleving* van Willem Schinkel, *Stad van woorden* van Alberto Manguel, *Ich und Du* van Martin Buber en *The Outsider* van Colin Wilson. Het alledaagse wij van 'de samenleving', het culturele wij van 'de literatuur', het ont/moetings wij van 'religie' en het 'niet-wij' van profetische buitenstaanders verschijnen zo als staties op de weg naar een nieuw wij: 'God in de hemel, Loesje op aarde'.

Kees de Groot ving een glimp van een nieuw wij op bij 'Donkey God en het Bonus-sacrament' van het duo 'De bloeiende maagden.' Het *format* van deze voorstelling is een kerkdienst. Vanuit de code van het spel putten de bloeiende maagden rijkelijk uit religieus-ritueel repertoire. Dat wordt niet meer als waarheid aanvaard, maar werkt wel om het oude ideaal van de bezielende gemeenschap te doen herleven. Althans, voor wie het kerkje spelen niet als godslasterlijk ervaart. En waarschijnlijk ook alleen voor wie de rituelen herkent. Omgekeerd doen kerken hun voordeel met de lessen die het hedendaagse theater leert. De Groot refereert aan de socioloog Cees Schuyt, die het moderne toneel suggereert als beeld van nieuwe, minder allesomvattende, vormen van gemeenschap. De voorstelling thematiseert op humoristische wijze de ambivalentie die met deze nieuwe vormen van wij verbonden is: de hunkering naar gemeenschap bij het gelijktijdige wantrouwen van elke vorm van 'wij'. In de speelse omgang daarmee ligt voor De Groot de maatschappelijke waarde van theater.

Er zijn ook stokoude vormen van 'wij', die vandaag de dag voor de opgave staan om zichzelf opnieuw uit te vinden. Kees den Biesen vertelt over zijn kennismaking met de wereld van de Suryoye in Twente. In zijn eerdere studie van de werken van Efrem de Syriër werd hij geraakt door de symbolische geloofswereld van de Syrische orthodoxie. In het alledaagse leven van de Suryoyogemeenschap in Twente treft hem de hechte onderlinge band. En hun integratie die zo geslaagd is dat het een serieus probleem begint te worden. Het thuisland van de Suryoye is Tur 'Abdin in Turkije. De gedeelde ervaring van de genocide van 1915 staat centraal in het verhaal dat de Suryoye over zichzelf vertellen. Ze zijn een volk zonder staat, maar wel met een eigen taal en een religieuze traditie, dat sinds onheuglijke tijden aan verdrukking is blootgesteld. In de diaspora worden ze met een ander soort uitsterven bedreigd dat veel moeilijker te benoemen is. En moeten ze wel op zoek naar een nieuw wij. Dat er dan soms ook gewoon ineens is, zoals tussen Den Biesen zelf en de succesvolle Suryoyo-cafetariahouder.

De bundel eindigt met een beschouwing van de dominicaan André Lascaris over Paulus' brief aan de Korintiërs en het beeld van de gemeenschap als lichaam. Dat beeld komt vaak bovendrijven in het integratiedebat, bijvoorbeeld als het gaat over een samenleving die 'ziek' heet te zijn en uit zelfbehoud 'ongezonde' elementen zou moeten weren. Willem Schinkel heeft recentelijk in *De gedroomde samenleving* op de negatieve lading van die metafoor gewezen en laten zien hoe makkelijk zulke lichamelijke voorstellingen tot uitsluiting van 'ongezonde' elementen, zwakkeren en 'indringers' kunnen leiden. Volgens Lascaris slaagt Paulus er echter in om een positieve en nog steeds inspirerende wending aan het beeld van de samenleving als lichaam te geven: het beeld waarin de zwakkeren, de zondebokken het middelpunt van een nieuw wij worden.

Rode draad in alle artikelen is het gegeven dat gemeenschappen nooit vanzelf spreken. Of liever gezegd, het 'wij' wordt uiteindelijk door niets anders gedragen dan door het feit dat we erover spreken. En het staat of valt met de vraag of we zelf in dat spreken geloven. In die brede zin speelt geloof een grote rol in alle bijdragen – niet zozeer het geloof in een almachtige God, maar meer in de belofte die het woord 'wij' behelst. Het is een belofte die de realiteit nooit helemaal inlost, maar die daarom niet minder krachtig en effectief is.

Op de valreep van 2009 organiseerde het Franse weekblad *Le Nouvel Observateur* een debat tussen Alain Finkielkraut en Alain Badiou.[3] Finkielkraut is een verklaard voorstander van het behouden en overdragen van het Franse culturele erfgoed, en van het definiëren van een nationale identiteit. Badiou wijst op het dubieuze van de categorie 'erfgoed': wil je bijvoorbeeld de Franse revolutie of de restauratie? En op het gevaar van het definiëren van een zogenaamde nationale identiteit. 'De definitie van de identiteit van de bevolking loopt namelijk stuk op het feit dat in de wereld van nu iedere bevolking samengesteld, heterogeen en meervormig is. De enige werking van zo'n definitie zal negatief zijn: het aanwijzen van degenen die er niet bijhoren.'

Badiou stelt daar in zijn politieke filosofie een ander 'wij' tegenover, dat niet op een statisch erfgoed berust, maar op de energie van een ingrijpende gebeurtenis. Hij vergelijkt dat proces met de manier waarop schokkende ervaringen als verliefdheid en bekering een individueel leven niet alleen ondersteboven keren, maar er ook richting, doel en betekenis aan geven. Ware gemeenschappen 'hebben' geen identiteit als hun tastbare eigendom: het worden pas gemeenschappen door de gedeelde ervaring van een sociale of politieke gebeurtenis en door hun trouw aan die gebeurtenis, ongeveer zoals een steen in de vijver concentrische cirkels op het water voortbrengt.

Het project-W!J en de verschijning van deze essaybundel zijn maar kleine stenen in de vijver, maar ze blijven niet zonder gevolgen. Het W!J-onderzoek is een werk in uitvoering, dat zich over meerdere jaren en publicaties uitstrekt en waarbij nieuwe onderzoekers zich hebben aangesloten. Op onze weblog kunt u de voortgang volgen en met ons meedenken: *www.nieuwwij.nl*. Wij spreken elkaar!

Samen stil zijn

Joris Verheijen

Zien in het donker

Het is een klassiek uitgangspunt van het politieke denken dat een gemeenschap niet kan bestaan zonder de verhalen die mensen elkaar vertellen. Omdat we ons in taal kunnen uitdrukken, kunnen we verder reiken dan onze beperkte, particuliere belangen en elkaar vinden in een verhaal met universele zeggingskracht. Wat gebeurt er dan als mensen in stilte bij elkaar komen, bijvoorbeeld voor een van de vele stilteretraites die vandaag de dag georganiseerd worden? Mensen die elkaar niet kennen komen daarvoor naar een klooster of zencentrum en brengen een weekend, een week of langer in volledig stilzwijgen door. Dat lijkt niet ten koste van het gemeenschapsgevoel te gaan, integendeel: achteraf vertellen de deelnemers vaak over de sterke verbondenheid die ze hebben ervaren.

Blijkbaar kunnen zulke retraites niet alleen geestelijke groei, innerlijke vrede of gesprekken met God opleveren, maar ook een bijzonder soort van gemeenschapsleven. Misschien is de toenemende populariteit van stilteretraites zelfs wel een teken aan de wand, in een tijd waarin de kerken leeglopen en het steeds moeilijker wordt om universele verhalen te vinden voor mensen uit verschillende culturele en religieuze bevolkingsgroepen.

Het is een aantrekkelijke gedachte dat mensen ook in stilte samen kunnen zijn, vooral vanwege de utopische suggestie dat mensen *juist* in stilte samen zouden kunnen zijn. Sommige enthousiaste beoefenaars van de gedeelde stilte geloven dat de stilteretraite een unieke ervaring van gemeenschappelijkheid brengt, die vervliegt zodra je je mond opent. Alsof de gezamenlijke stilte voor zolang als het duurt een ideale gemeenschap creëert: een 'wij' zonder institutionele apparaten, zonder botsende meningen en rivaliserende overtuigingen, een soort van nulgraad van het 'wij'. Maar hoe reëel is dat visioen van een pure gemeenschap, waarin de stilte de rol van een universele taal vervult? Is het niet gewoon een zinloze leegte, die iedereen naar willekeur met zijn eigen particuliere fantasieën opvult?

Het is niet makkelijk om iets zinnigs over ervaringen van stilte te zeggen. Niet alleen omdat wat voor de één zinnig is, voor de ander nietszeggend kan zijn, maar ook omdat die stilte al verdwenen is zodra je erover spreekt. Kamagurka presenteerde ooit een reeks van absurde uitvindingen, waaronder een 'lamp die aangaat zodra men het licht uitdoet, zodat men kan zien in het donker.' Het is goed mogelijk dat mijn serieuze bedoeling om iets verstandigs over stilte te zeggen net zo belachelijk is. Maar ik kan het toch niet laten, omdat ik zelf heb gemerkt dat er in gedeelde stilte iets geheimzinnigs kan gebeuren.

Als het gaat om het verschil tussen een betekenisvolle en een zinloze stilte, komen er bij mij twee herinneringen naar boven. In de eerste ben ik op Athos, het heilige schiereiland in Griekenland waar alleen monniken wonen. In de middagzon zit ik voor de poort van een klooster. Er hebben zich een aantal mannen verzameld. Ze roken sigaretten en wachten tot de siësta voorbij is, omdat ze een oude monnik om raad willen vragen. De een worstelt met zijn huwelijk, een ander kan geen werk vinden. Veel woorden maken ze er niet aan vuil. Ze komen niet om met mij of elkaar te praten, ze komen voor de wijsheid van het klooster. Ik bedenk dat ik de oude man ook wel iets te vragen heb. Er gaat een klein uur voorbij, in een stilte die niet verstoord maar verdiept wordt door het tsjirpen van krekels en het knippen van aanstekers. Iedereen heeft zo zijn eigen persoonlijke zorgen, maar wat die behelzen lijkt even niet meer zo belangrijk. We komen er alleen niet uit: dat hebben we met elkaar gemeen en meer hoeft er ook niet over gezegd te worden.

De tweede herinnering gaat over een programma van Oprah Winfrey met zelfhulpgoeroe Eckhart Tolle, die hebben afgesproken om tien seconden stil te zijn voor de camera. Twee mensen zwijgen en zitten roerloos in een studio, omringd door enorme beeldschermen die er ineens nutteloos uitzien. De regie vult de seconden door nerveus te schakelen: een close-up, een totaalshot, dan maar weer een close-up van de ander. Dan is het alweer voorbij. 'Is het niet *cool*', zegt Oprah, 'dat we van over de hele wereld, in alle landen, samenkomen in stilte?'

Je kunt je afvragen of een miljoenenmassa die voor tien seconden naar twee zwijgende presentatoren kijkt nou zo'n betekenisvolle gemeenschap vormt en of het effect van stilte hier niet grandioos overschat wordt. Dezelfde indruk kreeg ik soms bij verhalen die mensen me vertelden bij stilteretraites waar ik zelf aan deelnam. Of die ik las in kranten en tijdschriften. 'Het lijkt wel of ik verliefd ben op iedere deelnemer. Op een diep niveau voel ik mij intens verbonden met ieder van hen', zegt iemand over een gedeelde stilte van veertien dagen. 'Je stapt uit je patronen en verhalen', zegt een vrouw die retraites organiseert, 'en komt in contact met een laag waarin alles en iedereen met elkaar is verbonden.'

Natuurlijk kan ik me intens verbonden voelen met mijn medemensen, is mijn eerste gedachte, als ze hun waffel maar houden. Maar is er op dat 'diepe niveau' nog werkelijk sprake van verbondenheid met de anderen en met de kosmos? Is het niet gewoon mijn ego dat tot kosmische proporties opzwelt? En hoe zou ik op het 'diepe niveau' het subtiele onderscheid tussen die twee toestanden überhaupt nog kunnen waarnemen?

Ook het idee dat een retraite je 'uit je patronen en verhalen' haalt en je onderdompelt in een totale stilte roept de nodige vragen op. Als we in een gemeenschap afspreken om stil te zijn, communiceren we nog steeds door een gebaar, een blik, een beleefde hoofdknik in de gang, door onze kleren, ja, alleen al door de afspraak om stil te zijn. Waarschijnlijk is het makkelijker om te zwijgen met mensen die je niet kent, bijvoorbeeld in de stiltecoupé van een trein. Als je stil bent bij een verjaardagsfeest of familiemaaltijd, raakt de stilte al snel gevuld met wederzijdse verwachtingen of teleurstellingen en er ontstaat dan een broeierige sfeer. In een gezelschap van vreemden is er vaak minder druk om iets te zeggen, maar ook dan zijn er allerlei onuitgesproken afspraken en regels waar mensen zich naar gedragen. Zo blijkt er bij katholieke stilteretraites een ongeschreven regel te zijn die stipuleert dat je de hele week, bij elke maaltijd, dezelfde plaats aan tafel bezet waar je je eerste kopje koffie dronk. Ik kreeg dat pas in de gaten toen een vrouw plotseling luid tegen me begon te praten aan de ontbijttafel. De prettige sfeer van universele verbondenheid maakte plaats voor een particuliere confrontatie: ik was op 'haar' plaats gaan zitten.

Het grootste probleem noemde ik net al even, dat de stilte verdwenen is zodra je erover begint te praten. Ook nu, terwijl ik erover aan het schrijven ben, hou ik het frustrerende gevoel dat ik met elke zin verder van mijn onderwerp verwijderd raak. Alsof ik vergeefse pogingen doe om mijn eigen schaduw te vangen. Het probleem is dat 'stilte' een zwart vlak is waar je nooit contouren en figuren in gaat zien. Of om het in meer filosofische termen te zeggen, 'stilte' is een abstract universeel begrip dat nooit een concrete, particuliere inhoud krijgt. Zodra je 'stilte' concreet maakt door te beschrijven in welke situatie die stilte valt, in welke context, is het stille van de stilte al vervlogen.

Het begrip 'boom' krijgt een particuliere inhoud omdat ik de boom in mijn tuin of de boom op een schilderij voor me zie. 'Stilte' blijft een begrip van een abstracte universaliteit, omdat ik er geen concrete, waarneembare voorbeelden van kan aanwijzen. Het wezen van toestanden als stilte en duisternis is juist dat er iets *niet* verschijnt.

Dat is niet alleen maar een probleem waar academische filosofen mee worstelen. Het manifesteerde zich ook in gesprekken die ik had met deelnemers aan stilteretraites. Ze wilden echt wel over hun ervaringen praten, daar lag het volgens mij niet aan, maar ze kwamen meestal niet veel verder dan dat abstracte begrip. En als het ging om de vraag wat de stilte hun persoonlijk bracht, bleven ze vaak ook in abstracte termen hangen: innerlijke vrede, tot jezelf komen, in balans komen, contact maken met God of met de universele 'levensenergie', een dieper bewustzijn. Begrippen die nog minder leken te betekenen omdat ik het idee had dat ze onderling inwisselbaar waren: 'afdalen naar je ware zelf' was in wezen hetzelfde als 'contact maken met het goddelijke' en ook niet te onderscheiden van een toestand van 'verbondenheid met alles en iedereen.' De stilte werd de 'nacht waarin alle koeien zwart zijn', om met Hegel te spreken. Het is net zoiets als wanneer ik bij het ontwaken wil vertellen wat ik voor moois gedroomd heb, maar alleen maar kan gapen.

Ook de 'verbondenheid' waar deelnemers enthousiast over vertelden had veel weg van een mooie droom die niemand kon navertellen. Of zo'n korrelige foto van een UFO, waar je niets op ziet. 'Er was een verbondenheid van binnenuit voelbaar', zegt een vrouw over een boeddhistische meditatie. 'Na vijf dagen stil te zijn geweest, hebben jongeren vaak het gevoel een diepere vriendschap te hebben met de mensen met wie ze samen stil waren dan met vriendinnen die ze al tien jaar kennen', zegt een begeleider. Maar het is meteen duidelijk dat zo'n overtrokken voorstelling van intense vriendschap niet veel met reële relaties te maken heeft en meer met persoonlijke fantasieën, waar mensen de stilte mee vullen.

De rechtstreekse weg bracht me niet veel dichter bij het geheim van de gedeelde stilte, dat was wel duidelijk. Het leek me verstandiger om het via een omweg te proberen. Ik moest denken aan de grote mystici, die eeuwen geleden al hadden gemerkt hoe woorden tekort schoten om de kwaliteiten van God te benoemen. Hun *via negativa* bestond erin dat ze gingen benoemen wat Hij allemaal niet was: de leegte, de verlatenheid, de dood. Natuurlijk was het onbegonnen werk om het goddellijke licht in menselijke woorden uit te drukken, maar de heilige Johannes van het Kruis geloofde dat het wel mogelijk was om dichter bij dat mysterie te komen door te schrijven over de duisternis. Misschien was het mogelijk om de ongrijpbare ervaring van de stilte ook te benaderen met zo'n omtrekkende beweging. Als ik mensen nou eens ging vragen naar hun ervaringen met herrie? Al die stiltezoekers, hadden die niet met elkaar gemeen dat ze weg wilden van het lawaai?

Stemmen in je hoofd

Overbodig om uit te leggen dat stilte een schaars goed is geworden in de moderne wereld. Eerder dit jaar werd dat nog eens onderstreept, toen er gedoe was over het toegenomen stadslawaai in Berlijn. Uit onderzoek bleek dat nachtegalen er minstens veertien decibel luider moeten zingen dan hun verwanten in het bos om zich hoorbaar te maken. Het gevolg is dat de arme vogeltjes de toegestane geluidsnormen overschrijden. Het wachten is nog op aanvullend onderzoek waaruit blijkt dat mensen luider zijn gaan piepen, bijvoorbeeld sinds de uitvinding van de mobiele telefoon.

De herrie neemt toe en er is nauwelijks aan te ontkomen. Prikkels van het gehoor zijn sowieso moeilijker te vermijden dan die van het zicht, omdat het oor geen 'oorleden' heeft die je kunt sluiten. Gevraagd naar het lawaai dat ze ontvluchten komen mensen met voor de hand liggende klachten over de geluidsoverlast van snelwegen, vliegtuigen en het alomtegenwoordige getetter van mobieltjes. Veel meer lijkt er op het eerste gezicht ook niet over te zeggen.

Toch heeft herrie iets met stilte gemeen, namelijk dat er zich subtiele nuances verbergen onder het versleten, alledaagse begrip. Lawaai is niet alleen maar lawaai, maar kent net als stilte meerdere niveau's. Uit de verhalen die mensen me vertelden of die ik in krantenartikelen en op het internet las maakte ik op dat auto's en vliegtuigen alleen nog maar de meest oppervlakkige laag vormden. Daaronder bleken andere soorten van herrie te schuilen, bijvoorbeeld die welke mensen associëren met een 'jachtige samenleving': de stroom aan informatie waar we via kranten, televisie en internet mee worden gebombardeerd, of we willen of niet, de telefoon die ons voortdurend in onze gedachten stoort, het computerbelletje dat meldt dat er een e-mail is binnengekomen.

De diepste laag van het lawaai is het moeilijkst te beschrijven en bijna net zo raadselachtig als de mystieke stilte. Met fysiek geluid heeft het in elk geval niets te maken. Strikt genomen gaat het niet eens meer om prikkels van buitenaf. Wat veel van de stiltezoekers vertelden was dat ze nog het meeste last hadden van een verschijnsel dat ze omschreven als 'de stemmen in je hoofd'. Als ik goed heb begrepen wat ze daarmee bedoelden, ging het om de prestatiedruk die we onszelf opleggen, om de normen die we van huis uit hebben meegekregen en het kwellende schuldgevoel dat daarbij hoort, om zelfkritiek, twijfel aan onze eigenwaarde en andere negatieve gedachten. Ook al hoor je feitelijk niets, zulke 'stemmen' kunnen inderdaad de hele dag door meeklinken in je gedachten als een soort van ruis. Hun geroezemoes verstoort je rust en veroorzaakt stress.

Zo beschouwd is de behoefte aan stilte op het diepste niveau geen verlangen om *niets* te horen, maar een verlangen om even niets aan het hoofd te hebben. Mensen geven vaak aan dat ze stilteretraites bezoeken om afstand te nemen van het 'lawaai in hun hoofd'. Ze komen er om 'hun hoofd leeg te maken', zoals dat heet. Tegen het geluid in je hoofd zijn geen oordopjes gewassen en het is nog moeilijker te negeren dan het gebrul van een vliegtuig of de ruis van berichten en opinies.

Wat mij opvalt aan de uitdrukking 'stemmen in je hoofd' is de psychotische connotatie. Zo'n zinnetje associeer je met mensen die hallucineren, met genadeloze stemmen waar je aan moet gehoorzamen. Natuurlijk zijn de deelnemers aan stilteretraites over het algemeen niet krankzinnig. Waar iemand in een psychose werkelijk gepraat hoort, zijn de stemmen waar het hier om gaat volkomen geluidloos. Ze hebben meer weg van hardnekkige gedachten. Toch hebben ook de 'normale', niet gehallucineerde stemmen een *unheimlich* karakter. Elke willekeurige gedachte, elk motto, elk woord kan zich als een demonische stem aan je bewustzijn opdringen, om te pas en vooral te onpas in je oor te fluisteren. De klassieke psychologische benaming voor zulke bemoeizieke stemmen is het superego. Volgens Freud is dat het deel van je persoonlijkheid dat naar perfectie streeft. Het is een tirannieke macht, die je voortdurend overvalt met kritiek, morele oordelen en zinnige of onzinnige bevelen. Het resultaat is een schuldgevoel dat nooit echt weggaat: hoe meer je je best doet om het superego te gehoorzamen, zegt Freud, hoe schuldiger je je gaat voelen. Het superego lijkt op een stem omdat het meestal begint met reële stemmen, met de stokpaardjes en verwijten van ouders en onderwijzers, ooit gehoord en jaren later nog herinnerd.

Maar misschien is er een andere, meer filosofische verklaring te geven voor de 'stemmen in het hoofd', uitgaande van de spanning tussen het particuliere en het universele. Aan het begin van dit verhaal hadden we het over het klassieke idee dat de taal ons verheft uit onze particuliere beperking naar een rijk van universele gedachten. Dat idee is al sinds Plato een grondbeginsel van de klassieke wijsbegeerte, maar het heeft ook een keerzijde. Elk mensenleven zit boordevol met onzinnige, toevallige en stomme details, waar je met geen mogelijkheid een diepere betekenis in kunt vinden. Daardoor kan de platonische transformatie naar het universele nooit helemaal lukken. Existentialistische filosofen hebben erop gewezen hoe universele beginselen überhaupt geen recht kunnen doen aan de gegevenheid van het invididuele bestaan of van een particuliere situatie. Politici die zich sterk maken voor één of ander universeel beginsel blijken altijd een particuliere agenda te hebben. Kortom, de tegenstelling wordt niet opgelost en de taal van onze eigen gedachten en verhalen blijft een strijdperk, waar particuliere gevallen en universele beginselen met elkaar in de clinch liggen.

Dat blijkt al wanneer ik het over mijn persoonlijke wanhoop wil hebben. Daarvoor moet ik het begrip 'wanhoop' gebruiken dat in Van Dale staat en dat op onverschillig welke wanhoop van toepassing is. Het probleem van universele begrippen zonder concrete inhoud kwamen we net al tegen, toen het ging over mensen die wilden vertellen over 'verbondenheid'. Ze kwamen niet verder dan een abstract begrip van universele verbondenheid dat niets meer met concrete mensen te maken had, zodat het woord eigenlijk niet veel meer zei.

Zo lijken we voortdurend tussen de ene en de andere pool te schipperen. Aan de ene kant schiet het universele van de taal altijd tekort, als het erom gaat een uitspraak te doen over de aard van deze of gene concrete ervaring. Aan de andere kant kunnen we de roep van het universele niet negeren. Elk mens hongert naar betekenis en begrip, zoals Aristoteles zegt, en probeert zijn particuliere ervaringen te duiden en te 'redden'. Door te oordelen over alles wat hij ervaart en waarneemt, door particuliere gevallen langs de meetlat van universele regels te leggen, door ze in te bedden in een groter verhaal. Vaak brengen zulke oordelen rust in de geest, maar ze kunnen ook een eigen leven gaan leiden, zonder dat we het goed en wel beseffen. Dat is goed te zien bij mensen die altijd met dezelfde stokpaardjes en dooddoeners komen aanzetten. Achter uitdrukkingen als 'je moet gewoon je eigen ding doen', 'later lach je erom', 'het is zoals het is' zit dan geen bewuste reflectie op concrete situaties meer. Het zijn holle frasen geworden, 'universele pleisters' die overal opgeplakt kunnen worden.

Kunnen we de hardnekkige, oordelende 'stemmen in het hoofd' niet beschouwen als de onweerstaanbare roep van het universele? 'Voor het particuliere – driften, neigingen, pathologische liefde, zinnelijkheid of hoe men het ook wil noemen – lijkt het universele altijd van buitenaf te komen', zei Hegel.[4] Het zijn natuurlijk onze eigen gedachten, maar omdat ze van buiten komen krijgen ze het spookachtige karakter van stemmen. Die je bijvoorbeeld bij de eerste de beste tegenslag hoort mopperen: 'Zie je wel, zo gaat het nou altijd met jou!' Misschien is dat ook wel de verklaring voor de paradox van Freud, dat je je alleen maar schuldiger gaat voelen naarmate je meer je best doet om het superego te gehoorzamen. 'Schuld' is in deze samenhang niet zozeer het psychologische gevolg van deze of gene daad, maar de existentiële ervaring van een breuk tussen het particuliere en het universele die maakt dat ik in mezelf verdeeld ben.

Het stille lawaai
Afgaande op de verhalen van deelnemers zijn het vooral deze 'stemmen in het hoofd' waarvoor ze naar stilteretraites gaan. Van de decibellen in de buitenwereld hebben ze minder last dan van het stille lawaai in hun binnenste. Overigens heb ik zelf gemerkt dat die verschillende vormen van lawaai elkaar ook nog kunnen versterken, als ze om zo te zeggen op dezelfde frequentie zitten. Kritische geluiden van collega's, een baas of een partner zijn het moeilijkst te verteren als ze overeenstemmen met verwijten die ik mezelf maak. Zo kan een innerlijk versterkte vorm van lawaai ontstaan: herrie in het kwadraat.

Bij mij kunnen zelfs mompelende, schreeuwende of zingende stemmen in het geheim samenwerken met de stemmen in mijn hoofd, vooral als ik ze niet goed versta. Soms kan ik prima doorwerken bij het geluid van radio's of bouwvakkers, maar als mijn eigen werk niet wil vlotten dringt hun lawaai meer tot me door en kan het zelfs een onverwacht persoonlijke betekenis krijgen. Dan veranderen de omgevingsgeluiden ongemerkt van klank en gaan ze meer en meer lijken op de innerlijke stemmen die ik uit alle macht probeer buiten te sluiten. De bouwvakker roept bijvoorbeeld iets onverstaanbaars naar zijn maat en ineens hoor ik er een boodschap in, die voor mij bedoeld is: 'Kijk, dit is pas werken! Wat jij doet is de hele dag op je reet zitten!' Er schalt een zangstem uit de stereo van de buren en al hoor ik niet waar hij over zingt, mijn innerlijke stem verstaat hem maar al te goed: 'Waar de muziek klinkt is het feest, sukkel, en jij zit daar achter je stomme bureau!' Hoe ik ook mijn best doe om 'het goede' te doen, de meedogenloze stemmen peperen me altijd in dat ik faal ten opzichte van een andere, meer universele wet, bijvoorbeeld de wet die me verplicht om te genieten.

Misschien verklaart de roep van het universele ook een andere bekende paradox van het moderne leven: dat treinreizigers zich niet storen aan gesprekken tussen medereizigers, maar wel aan mobiele telefoons. Voor mij als onvrijwillige luisteraar bestaat een mobiel telefoongesprek voor de helft uit stiltes en voor de helft uit fragmentarische zinnen, die als rookwolken in de lucht blijven hangen. Een betekenisvol geheel wordt het gesprek niet voor mij, maar negeren lukt meestal ook niet echt. Ik moet de woorden duiden en de stiltes nog meer, ook al staar ik uit alle macht naar de krant die ik net heb opengevouwen.

De vergelijking tussen een mobiel gesprek en een *live* gesprek in de coupé laat zien dat minder geluid niet minder overlast is. Om de stemmen in het hoofd niet te horen hebben we vaak juist meer geluid nodig. Van psychotici is bekend dat ze soms de televisie of de stereo harder zetten, om hun stemmen maar niet te horen. Sommige deelnemers aan retraites geven ook aan dat ze in het dagelijks leven extra lawaai produceren. Ze vullen hun leven met mobiele telefoons, mp3-spelers en televisie om het gemompel van de geest te overstemmen. Bij een retraite komen ze zichzelf dan keihard tegen. 'Hier op het rustige Italiaanse platteland is er niet veel om mij af te leiden van de stemmen in mijn hoofd die normaal gesproken geen kans krijgen om zich kenbaar te maken', vertelt de bezoeker van een lange retraite. 'Nu ik tegen niemand meer kan aankletsen en niemand mij meer 'lastig valt', er geen werk ligt te wachten en er geen televisies en radio's zijn om aan te zetten, krijgen deze onderdrukte stemmen ineens volop de ruimte.'

Het storende aan het stille lawaai is dat het je eigen stemmen zijn, die je lastig vallen alsof ze van buiten komen. Meer dan een storing van buitenaf is het een stoornis, een innerlijke gespletenheid. Universele gedachten maken zich meester van je geest, terwijl het particuliere van je bestaan stemloos en zonder woorden blijft. Er is geen dialoog mogelijk. Het stille lawaai kan ertoe leiden dat je zelf verstomt en vereenzaamt, ook al omdat jij de enige bent die het hoort. En die ervaringen worden sterker naarmate het stiller om je heen wordt. Wat voor mysterieuze verbondenheid er ook uit kan voortkomen, stilte is vaak in de eerste plaats een bedreigende, tegenstrijdige ervaring van innerlijk lawaai en existentiële eenzaamheid.

Vandaar dat het verbindende effect van de stilte zeker niet voor iedereen werkt. Bij de retraites die ik zelf bijwoonde was altijd minstens één deelnemer die een verkeerde vakantie leek te hebben geboekt. Hij of zij kon de stilte niet verdragen en begon op fluistertoon een gesprek met zijn of haar buurman, over een mooie gedachte die in de stilte was opgekomen, over de kwaliteit van de maaltijden of de bedden. Alles om het isolement maar te verbreken en de eigen stem even te horen. Sommigen vertellen achteraf dat ze zich vreselijk buitengesloten voelden. Blijkbaar kan stilte in een gezelschap niet alleen intense verbondenheid brengen, maar ook een even intense vereenzaming.

Een keer werd ik tijdens een stilteretraite zelfs aangesproken door een jonge non, die niet meer ophield met praten. Het bleek dat ze pas net was ingetreden en nog intensieve contacten onderhield met de buitenwereld. In de omgeving stond ze bekend als de 'msn-non'. Ook voor de vaste bewoners van een klooster lijkt de stilte soms zwaar te wegen.

Het wordt niet bepaald makkelijker te begrijpen hoe de diepe stilte van een retraite verlichting kan brengen. Gaan die innerlijke stemmen niet gewoon luider klinken in de totale stilte? Het stille lawaai neemt toe en de innerlijke gespletenheid ook, in elk geval tijdens de eerste dagen van een retraite. Veel deelnemers die ik sprak hadden dat precies zo ervaren. Toch vonden ze er naar eigen zeggen innerlijke rust, al kwam die rust vaak pas na een paar dagen. 'De gesprekken in mijn hoofd bleven doorgaan en werden steeds sterker. Na vijf dagen kwam de verandering en was mijn hoofd soms leeg', vertelt een vrouw. 'De stemmen die me constant vertelden wat ik van mezelf en anderen moest vinden waren soms stil en er kwam rust.' Andere ervaringen volgen hetzelfde patroon:

'Na drie dagen wordt het echt stil. Tot dan toe hebben de verschillende stemmen in mijn hoofd de ruimte gekregen om zich kenbaar te maken, maar vandaag lijken ze niet meer zoveel praatjes te hebben.' Het blijft onduidelijk hoe dat effect te verklaren is, maar dát stilteretraites innerlijke rust kunnen brengen is niet omstreden. De meeste deelnemers vertellen dat de stilte in het begin soms pijnlijk of confronterend kan zijn, maar 'daar moet je even doorheen.'

Zelf had ik die ervaring ook tijdens een week in een klooster in Gent. Tot woensdag liep ik met mijn ziel onder mijn arm door de stille gangen en overwoog regelmatig om naar huis te gaan. Daarna begon ik er tot mijn eigen verbazing plezier in te krijgen en aan het eind van de week had ik wel willen bijtekenen. Eerst had het geleken alsof ik een paar dagen doorbracht in een drukke wachtkamer, vol geklaag en gezeur. Daarna was ik terechtgekomen in een stille spreekkamer, waar ik de volle aandacht kreeg zonder dat er iets van me verwacht werd.

Er gebeurde dus wel degelijk iets in die stilte, al blijf ik het moeilijk vinden om te zeggen wat. Mijn medische metafoor vertelt helaas niets over de klacht, de diagnose en de behandeling. Zeker is wel dat ik me daarna 'beter' voelde. De drukte in mijn hoofd maakte plaats voor een rustgevoel, dat voortduurde totdat op de ochtend van het vertrek het weksignaal van mijn mobieltje klonk: een verstoring van de stilte waar ik zó van schrok, dat ik uit bed rolde en in een kluwen dekens op de grond wakker werd.

Misschien is er een zinvolle vergelijking te maken met het effect van gedeelde stilte bij het verwerken van een ziekte of een sterfgeval. Voor verdriet zijn er vaak ook geen woorden, maar juist als het lijkt alsof de taal net zo machteloos is als wijzelf, kan het zwijgen soms een verandering bewerkstelligen. Zoals in het suggestieve gedicht 'Ziekenbezoek' van Judith Herzberg:

Mijn vader had een lang uur zitten zwijgen bij mijn bed.
Toen hij zijn hoed had opgezet
zei ik, nou, dit gesprek
is makkelijk te resumeren.

Nee, zei hij, nee toch niet,
je moet het maar eens proberen.

Er zijn meer voorbeelden te bedenken van situaties waarin het zwijgen geen duidelijke boodschap overbrengt (geen 'stilte die meer zegt dan duizend woorden'), maar toch meer betekenis suggereert dan een kale stilte. De stilte aan een sterfbed, bijvoorbeeld, kan door de aanwezigen worden ervaren als een benauwend gemis aan betekenis, dat niets anders is dan een verdubbeling van het naderende reële gemis. Maar het kan ook gebeuren dat die verhouding na enige tijd bijna ongemerkt in haar tegendeel is omgekeerd: het zwijgen is dan geen gemis aan betekenis meer, maar lijkt juist betekenis te geven aan het gemis. Een ervaring die eerst alleen maar pijnlijk was, krijgt een prettige of in elk geval rustgevende uitwerking. Gebeurt er ook zoiets tijdens een stilteretraite? En moet je daarvoor met meer mensen zijn?

Onheelbare verbondenheid
Volgens een begeleider van retraites vind je er rust omdat je eindelijk naar al je innerlijke stemmen gaat luisteren. Hij vertelt dat hij zelf de grootste moeite had om stil te worden bij de eerste retraite waar hij ooit aan deelnam. 'Met geen mogelijkheid had ik mijn geest tot rust kunnen krijgen. Inmiddels weet ik dat dat vrijwel onmogelijk is en dat het ook helemaal niet nodig is. De geest wordt vanzelf stil als er iemand is die wil luisteren. Zodra al die stemmen in je hoofd een keer werkelijk worden gehoord, houden ze namelijk vanzelf hun mond. Zo werkt dat met stemmen.'

Dat klinkt natuurlijk best gezellig, een stilteretraite als een soort van gespreksavond, een gelegenheid om eens om de tafel te gaan zitten met al je onderdrukte stemmen. Ze mogen allemaal hun zegje doen en daarna gaan ze slapen. Alleen werkt het niet zo. Er moet iets anders achter de mysterieuze werking van de stilteretraite steken, want zo makkelijk is het niet om de innerlijke stemmen tot bedaren te brengen. En zo redelijk zijn de mensen niet. Als het er zo beschaafd aan toeging in ons binnenste, dan was er geen geestelijke gezondheidszorg meer nodig. Met een paar dagen in een bosrijke omgeving kon iedereen het ideaal van volledig zelfbewustzijn realiseren.

Het probleem is juist dat die innerlijke stemmen zich meestal niet als redelijke gesprekspartners gedragen, waarmee je een constructieve gedachtenwisseling kunt aangaan. Ze spreken wel dezelfde taal als jij, maar het is de taal van spoken, papegaaien, grammofoonplaten die blijven hangen en televisiedominees. Een taal van monologen, niet van dialogen.

Anderen zeggen dat je in stilte je aangeleerde stemmetjes loslaat en beter naar de ene, innerlijke stem van je ware zelf gaat luisteren. Televisiegoeroes als Deepak Chopra en Eckhart Tolle stellen dat je in stilte je essentiële zelf ervaart en sommige deelnemers aan stilteretraites zeggen het hen na. 'Het kan zo weldadig stil zijn dat je alleen de stem hoort van je diepste innerlijk. De zuivere stem van je hart, niet de redenerende stem in je hoofd', zegt iemand. 'Stilte helpt me om me bewust zijn van het moment waar ik me in bevind, zonder me te laten meevoeren door alle gedachten en stemmetjes in mijn hoofd die me zeggen wat ik nog allemaal moet doen vandaag', zegt een ander.

Als je doordrongen raakt van die innerlijke waarheid, is dan de tegenstelling tussen het particuliere en het universele ook opgelost? Worden alle breuken en tegenstellingen geheeld in een ervaring van universele verbondenheid? New Age-denkers claimen vaak dat je in de stilte weer gaaf en compleet wordt. Sommige stiltecentra adverteren daar ook mee en prijzen hun retraites aan als een traject 'van gespletenheid naar heelheid'.

Het punt is dat zo'n ideaal lijdt aan hetzelfde soort van abstracte universaliteit waar veel gesprekken over stilte ook al in vastliepen. De voorstelling van een tijdloze en essentiële kern in elk mens, die voorbij het beperkte en onvolmaakte alledaagse bestaan verborgen ligt, maakt de kloof tussen het particuliere en het universele alleen maar groter. En hoe het tot meer verbondenheid zou kunnen leiden is ook niet te zien. Voor een gemeenschap heb je particuliere mensen nodig die een relatie aangaan, terwijl in dat abstracte universele al het particuliere ondergaat zonder een spoor achter te laten.

Als we ons een begrip willen vormen van gedeelde stilte, moeten we volgens mij beginnen met het loslaten van dit soort abstracties. Stilte heeft niet bij voorbaat een positieve lading en laat zich ook niet probleemloos beschrijven met begrippen als 'heelheid', 'volheid' of 'essentie'. Het is geen nirvana waarin alle tegenstellingen voorgoed verdwijnen. Bovendien is het voor mij juist de ervaring van innerlijke tegenstellingen die me ertoe drijft om me met anderen te verbinden. Als verdeeldheid tussen mensen of tussen culturen op de één of andere, mysterieuze manier te overbruggen is, is dat dan niet juist omdat we in onszelf wezenlijk verdeeld zijn?

'Ik kan communiceren met de Ander, ik sta voor hem 'open' precies voorzover ik in mezelf gespleten ben', zegt de Sloveense filosoof Slavoj Žižek, 'voorzover ik... nooit echt met mezelf kan communiceren.' Een 'diep niveau' van universele waarheid in elk mens is dus ook geen voorwaarde om verbondenheid met anderen te kunnen ervaren. 'De gemene grond, waardoor culturen contact kunnen maken met elkaar en boodschappen kunnen uitwisselen, is niet de één of andere vooronderstelde gedeelde verzameling van universele waarden of iets dergelijks, maar eerder het tegenovergestelde, een gedeelde impasse, een dood punt, een struikelblok.'[5]

Misschien zijn we daarmee iets dichter genaderd tot een begrip van de geheimzinnige werking van gedeelde stilte. De opmerkingen van Žižek sluiten aan bij de eerdere verhalen over stilteretraites en over de stilte aan een sterfbed. Het lijkt alsof die werking in twee verschillende stadia verloopt. In het eerste stadium is de stilte geen positieve ervaring van 'universele verbondenheid' of iets dergelijks. Eerder is het een besef dat onze universele begrippen tekortschieten, om te verklaren waarom we bij elkaar zijn, om de dood te verklaren, om onszelf te begrijpen. Voor sommige mensen is dat een pijnlijk moment, zoals we hebben gezien. In de persoonlijke verhalen over stilteretraites komt deze fase overeen met de moeilijke eerste dagen, als ieders innerlijke stemmen alleen maar luider worden om de ontstane leegte op te vullen. In het tweede stadium kunnen we ons in de anderen herkennen en krijgt die leegte een andere lading. We lijken op elkaar, niet omdat we dezelfde tijdloze waarheid in ons binnenste dragen, maar door het gedeelde gemis dat onze stilte uitdrukt. Elk van ons staat voor alle anderen en de verschillen doen er niet veel meer toe, zoals die middag voor de poort van dat Griekse klooster.

Liefdesbaby's:
verbeeldingen van de interculturele familie

Inez van der Spek

Oost west, thuis best. Een mooie uitdrukking met een tegelijk kosmopolitische en gezellige lading. Je hebt heus wel alle delen van de wereld bezocht, toch is er niets heerlijkers dan thuiskomen. Thuiskomen in Nederland, maar vooral in de veilige en vertrouwde familieschoot. Maar is dit tegenwoordig geen lachertje met al die gebroken gezinnen? En hoezo oost en west, kunnen die dan samenleven in één huis? Voor een eerste commentaar op deze lastige vragen zoomen we in op twee meningen uit het actuele West-Europa. Welke visie heeft de meeste toekomst?

Is het de radicale voorstelling van Amar, beheerder van Belhuis HollandoPhone aan de West-Kruiskade in Rotterdam en een 'verwaterde moslim'? Hij is weliswaar slechts een bijfiguur in Abdelkader Benali's roman *De langverwachte* (2003), maar daarom niet per se minder betrouwbaar als getuige:

> *Familie? Amar zag een lege verzameling voor zijn geestesoog. Familie was in zijn wereldbeeld iets wat je achterliet. Iets waar je vandaan kwam, omdat erin blijven betekende dat je als een kikker die langzaam wordt doodgekookt zou verzuipen.*[6]

Of is het de belofte die belichaamd wordt door de Berlijnse *multikulti Patchworkfamilie* Öztürk-Schneider uit de 52-delige ARD-televisieserie TÜRKISCH FÜR ANFÄNGER (Duitsland: 2006-2008), die ook in Nederland is uitgezonden? Kijk ze daar zitten op hun laatste familiefoto: een gemengd Turks-Duitse familie met een stevige baby op schoot. De jonge moeder Lena verzucht: 'Wie had dit nou kunnen denken, zijn we toch nog een echte familie geworden!'[7]

Nieuwe families

Het gezin is op drift geraakt. De tijd dat het kerngezin de hoeksteen van de westerse samenleving was, is allang voorbij. Economische ontwikkelingen en veranderde opvattingen over man-vrouwverhoudingen en het huwelijk hebben het moderne gezin zwaar onder druk gezet. Maar ook de niet-westerse grootfamilie is door de grote impact van globalisering en migratie op alle menselijke betrekkingen op losse schroeven geraakt. Filippijnse moeders werken als dienstmeisje in Dubai, zonen uit Dubai studeren in Amerika, broers uit Somalië spoelen halfdood aan op het strand van Sicilië, Marokkaanse zussen komen poetsen in Nederlandse huizen.

In Nederland eindigt een op de drie huwelijken in scheiding en de scherven van die gebroken gezinnen worden vaak aan elkaar gelijmd tot nieuwe gezinnen. Er ontstaan nieuwe configuraties, die soms een persiflage op de traditionele grootfamilie lijken – ouderavonden waarop vier ouders de vorderingen van één kind bespreken, kinderen die verwend worden door acht grootouders. Daarnaast zijn er aardig wat kinderen met twee moeders en een enkele met twee vaders. Ook zijn er kinderen van wie de ouders uit verschillende culturen afkomstig zijn en misschien verschillende geloven aanhangen. En sommige kinderen hebben een 'biologische moeder' in Colombia of India, die ze samen met hun 'adoptieouders' (en het tv-programma *Spoorloos*) gaan zoeken.

We maken zelf deel uit van deze nieuwe gezinnen en zien ze om ons heen bij onze vrienden, in de buurt, op school. Bovendien komen we ze volop tegen in de oude en nieuwe media, de nieuwe familie-wij's van televisiesoaps en reality-tv, van opvoedprogramma's en vrouwenbladen, van homevideo's op televisie en internet, van de commerciële bioscoop en het filmhuis. Maar ook in recente boeken, op papier of e-book, blijven familieperikelen een favoriet thema. Eén ding staat hierbij buiten kijf: de geleefde werkelijkheid in onze gemediatiseerde maatschappij staat niet los van de verbeelde werkelijkheid, maar vormt er een continuüm mee. Hoe we tegen een eenentwintigste-eeuws familie-wij aankijken en beleven, wordt diepgaand beïnvloed door voorstellingen van het gezins- en familieleven op de talloze beeldschermen die ons omringen.

De familie is onderworpen aan de dubbele beweging die trefzeker wordt getypeerd in de uitdrukking 'shooting the family', de titel van een bundel essays over het interculturele gezin in de media.[8] Aan de ene kant dreigt de familie 'aan flarden te worden geschoten', volledig uiteen te vallen als gevolg van de vergaande en wereldomspannende culturele en economische veranderingen. Aan de andere kant wordt de familie 'geschoten' door de camera en zo in een gemediatiseerde en getransformeerde vorm toch bewaard en geportretteerd. Deze audiovisuele familie is een belangrijk medium geworden om interculturele kwesties aan de orde te stellen. Sterker nog, vinden de samenstellers van *Shooting the family*, ze toont hoezeer juist in situaties van ontheemding en migratie de familie nodig blijft om een veilige haven te bieden. We hebben het hier echter allang niet meer over het traditionele westerse kerngezin, maar over andersoortige familieverbanden, 'a new and necessarily hybrid place, in which values and traditions are constantly negotiated'.[9] In deze nieuwe, uitgebreide familieverbanden is het autoritaire witte gezinshoofd van zijn voetstuk gevallen ('white hegemonic masculinity is shot'[10]), terwijl oude familiale waarden als liefde en verantwoordelijkheid nog steeds betekenis hebben.

Antidepressivum

Zo dadelijk keer ik terug naar de twee bronnen waaruit de uitspraken van het begin afkomstig zijn, de roman *De langverwachte* en de televisiecomedy TÜRKISCH FÜR ANFÄNGER. De uitspraken zijn bedoeld als sfeertekeningen, of zelfs een beetje als stemmingmakers: hoe lastig en complex is het fenomeen familie, en hoe tegengesteld kun je erover denken! Interessant genoeg eindigen zowel het boek als de televisieserie op een vergelijkbare manier: we zijn getuige van de geboorte van een interculturele baby. Zeker, dit kind is symbool van een verzoening tussen individuen en families uit verschillende culturen. Maar tegelijk wordt in de voorafgaande 350 pagina's, respectievelijk 52 afleveringen het familieleven zodanig 'aan flarden geschoten', dat de geboorte slechts begrepen kan worden als een kortstondige verlossing uit tweespalt en isolement. Een definitieve verlossing is er niet, laten we dat maar meteen stellen. Om dit besef draaglijk te maken wordt in zowel roman als televisieserie de beproefde overlevingsstrategie van de (zwarte) humor ingezet.

De Britse filosoof Simon Critchley beveelt humor aan als een 'krachtig antidepressivum'.[11] Hiermee bedoelt hij iets anders dan de alom gedeelde opvatting, dat 'eens lekker lachen op zijn tijd goed is voor een mens'. Critchley vat humor op als een manier om de druk van het geweten, het altijd tekort schieten ten opzichte van (het appel van) de ander, te verlichten. Wij mensen zijn gespleten wezens omdat we voortdurend met teveel verantwoordelijkheid overladen dreigen te worden. De oplossing is niet om dan maar maling aan ons geweten te hebben – het dringt zich toch altijd weer op – maar wel om onze beperkingen, onmacht en lijden te relativeren. Met instemming verwijst Critchley naar *Der Humor* uit 1927, een laat opstel van Sigmund Freud, die toen zwaar aan mondkanker leed. Het kernidee van dit geschrift is 'that in humour I find myself ridiculous and I acknowledge this in laughter or simply in a smile. Humour is essentially self-mocking ridicule.'[12]

Humor als de draak steken met jezelf. Eigenlijk, zegt Critchley, is alle Freudiaanse humor doortrokken van zwartgalligheid (melancholia) – 'alle humor in feite', voegt hij toe, maar daarover zou volgens mij te twisten zijn. Hij brengt Freuds verhaal in herinnering over de galgenhumor van de misdadiger die op maandag uit zijn cel wordt gehaald om te worden geëxecuteerd. De man kijkt omhoog naar de lucht en zegt: *'Na, die Woche fängt gut an'*, nou, de week begint mooi! Zwarte humor, die niet deprimerend is maar juist *'befreiend, erhebend'*, bevrijdend en verheffend.

Zelfspot en zwarte humor – dit zijn ook de stijlmiddelen van *De langverwachte* en TÜRKISCH FÜR ANFÄNGER. Met vallen en opstaan banen de hoofdpersonen zich een weg door het weerbarstige bestaan in een West-Europese metropool, respectievelijk Rotterdam en Berlijn. Zij worstelen met het verdwijnen van oude familieverhoudingen en hoe tot een nieuw familie-wij kunnen behoren. Maar hoe loodzwaar de tobberijen van de hoofdpersonen ook zijn, de fictionele werelden waarin ze rondlopen zijn het niet. Door middel van sprankelende ironie in Benali's roman en groteske overdrijving in de Duitse televisiecomedy worden multiculturele komedies geschapen, die een krachtig alternatief zijn voor steeds terugkerende verhalen over het 'multiculturele drama'.[13]

Mehdi's taal der liefde

Abdelkader Benali's roman *De langverwachte* speelt zich af in Rotterdam in 1999. Een nauwelijks-nog-christelijk Nederlands gezin en een islamitisch-Marokkaans gezin worden tegen wil en dank verbonden door de tienerzwangerschap van de dochter van de ene en de zoon van de andere familie, Diana van Doorn en Mehdi Ajoeb. Diana's gezinssituatie is behoorlijk gecompliceerd: ze woont met haar moeder, gescheiden van haar man, Diana's stiefvader, die wel tegenover hen in de straat woont, terwijl Diana's echte vader Samuel, een Amerikaan van Ierse en indiaanse afkomst, in Arizona woont. Voor Mehdi ligt het schijnbaar eenvoudiger: hij woont met zijn beide ouders, gaat naar school en helpt in de slagerij van zijn vader Driss. Maar zijn moeder gaat tijdelijk weg bij zijn vader, uit boosheid omdat hij zijn rijbewijs niet haalt, terwijl zijn zus Jasmina is weggelopen van huis om op kamers te gaan en haar studie af te maken. De verhouding tussen Mehdi en zijn vader is erg problematisch, zoals naar voren komt op het moment dat Mehdi probeert Driss over zijn aanstaand vaderschap te vertellen.

> *Mijn vader praat alle talen van de wereld, maar geen enkele goed. Hij leest geen letter, maar kent andermans boeken van a tot z. Hij is zo wijs dat hij de Al Qarawien-universiteit kan laten schuren van schaamte om haar eigen onwetendheid. Maar als er een kanon afgaat, geen steek hoort hij! En ik kan hem nu helemaal niks vertellen.'* Mehdi dacht aan [imam] Sidi Mansoer en hoe die vertelde dat God altijd te hulp kwam, zelfs op het moment dat het water aan je lippen stond. 'Help me', zei hij stilletjes tegen niemand in het bijzonder, 'of laat me anders hem helpen. Ik zal bij hem blijven, zijn steun en toeverlaat zijn, als hij maar ophoudt mij de doornenkrans dieper in de kop te drukken.'[14]

Het ongeboren kind, vanuit wiens perspectief het hele verhaal wordt verteld, beweert echter: 'Ik maak van individuen een familie, smeed hier een gezamenlijk verleden waar ze niet van terug hebben.'[15] Het is blijkbaar vastbesloten de visie van Amar van Belhuis HollandoPhone te wraken. Het smeden van dit verleden gebeurt in de 350 bladzijden erna, een wervelende vertelling met een overvloed aan hoofd- en bijfiguren en alledaagse en wonderlijke gebeurtenissen, waarvoor we meestal door Rotterdam zwerven maar af en toe ook naar Marokko worden meegenomen.

Het kind stelt zijn geboorte steeds uit, blijft maar vertellen (het eerste hoofdstuk heet ook 'Mijn duim en ik'), want eerst moet iedereen aanwezig zijn in het ziekenhuis: vader Mehdi, grootmoeder Malika, grootmoeder Elisabeth, zus Jasmina, grootvader Driss... Eindelijk, op de eerste dag van het nieuwe millennium, is het kind bereid om ter wereld te komen (met behulp van de aanwijzingen van zuster Aletta Jacobs). Verrassend genoeg is het een meisje –

verrassend omdat de naam Mehdi ook 'de langverwachte' betekent en je onwillekeurig een mannelijke nakomeling verwacht. Het interculturele meisje logenstraft dit verwachtingspatroon, maar is zich wel bewust van de vaderlijke afstammingslijn:

> *Wij heten Ajoeb, wat Job betekent in gewone mensentaal en Job schijnt een onfortuinlijk figuur op aarde te zijn geweest, een man met een verhaal waar je je ogen niet droog bij houdt, maar voor God was hij een soort beschermeling, een weeskind, iemand op wie je goed moest passen want hij bewees dat er één ding sterker was dan de duivel en dat is het geloof in God, terwijl natuurlijk niemand hem geloofde, de arme stakker, dus dacht ik zo: de wereld is dubbel, voor God moeten we lijden en daar nota bene nog trots op zijn ook, maar tussen de mensen worden we bespot en beschimpt, en daarom zijn er naar mijn idee zo veel mensen boos op aarde. Ik stam af van Job.*[16]

Je kunt je niet zomaar onttrekken aan de erfenis van je familie, je bent verbonden met hun lot en hun geschiedenis. Eenmaal geboren verzucht het kind, dat ze is 'verplicht zijn [Mehdi's] achternaam te dragen, om zo gebukt te gaan onder de draagkracht van de generaties vóór mij.'[17]

Haar voornaam komen we niet te weten. Er wordt wel beschreven dat Diana de naam zegt, maar de lezer moet er verder naar gissen. Waarom? Ook dat blijft gissen. Verwijst de naamgeving door de moeder misschien naar de andere kant van de geschiedenis: naar een open, nog niet ingevulde toekomst? Niet toevallig eindigt het boek niet in Nederland noch in Marokko, maar in Amerika, ver weg in de lege woestijn van Arizona – waar de hemel langzaam valt 'als een rond brood dat in melk gedrenkt wordt, verweekt uit elkaar.'[18] De jonge ouders logeren met hun twee weken oude baby bij Samuel, de biologische vader van Diana, en Mehdi vraagt in een brief aan zijn zus Jasmina hun ouders te vertellen dat alles in orde is, 'dat ik snel weer thuis zal zijn als ik denk dat daarvoor de tijd is en dat we meer leren van de tijd dan van mensen.'[19] Dat de 'kleine', zoals Mehdi haar in de brief noemt, niet bij haar naam wordt genoemd wekt verbazing, maar daarnaast geeft het haar ruimte en vrijheid: hoezeer ook bepaald door de 'generaties voor haar', de identiteit van deze dochter ligt nog niet vast.

In ieder geval weet zij zich gedragen door de liefde. Niet de sentimentele (ouder)liefde maar een liefde voor het leven, die niet alleen de drijfveer van de jonge hoofdpersoon maar in feite van de hele roman is. Lees als getuigenis van deze onbedwingbare levenslust een fragment uit de brief aan Jasmina waarmee *De langverwachte* eindigt. Met zelfspot beschrijft Mehdi hoe hij Diana ten huwelijk heeft gevraagd en zo als een koene ridder de dreiging van de dood heeft verslagen.

> [...] Op het moment dat ik haar ten huwelijk vroeg... toen... had ik het gevoel dat ik de dood... dat lastige ding... die ik me voorstel als een sluwe muis die in je oor probeert te kruipen... met een scherpe lanspunt verslagen had. Kun je je voorstellen: ik, die nog geen vlieg met de hand kan omleggen, met de lanspunt richtend op het hart van de muis om 'm naar het Walhalla te sturen?[20]

Smakelijk eten met de Schneider-Öztürks

Ook de televisiecomedy TÜRKISCH FÜR ANFÄNGER, die zich in Berlijn afspeelt, eindigt met een nieuwgeborene uit twee families van verschillende herkomst, de Duitse Schneiders en de Turkse Öztürks. We zijn dan al aan het eind van de derde serie, in deel 52, vier jaar sinds het begin van de gebeurtenissen. 'Eindelijk toch een echte familie geworden!' roept de jonge moeder Lena uit. Dat moet natuurlijk vastgelegd worden, want 'shooting the family means archiving the family', zegt Marie-Aude Baronian in *Shooting the Family*, 'that is to say the desire to remember it, but it also means exposing the family to its originary potential future destruction'.[21] En inderdaad, de chaotische manier waarop de familieleden op de bank zitten om met de zelfontspanner een familiefoto te maken suggereert niet alleen 'eind goed, al goed' maar ook 'dit moet wel weer misgaan'. Daarom maken we een bocht van bijna 360 graden om te focussen op de allereerste aflevering van de serie, waarin de toon al volledig wordt gezet. De serie is een persiflage op het leven in een multiculturele West-Europese hoofdstad, Berlijn om precies te zijn, maar het zou evengoed het Rotterdam van *De langverwachte* kunnen zijn. Bewust worden alle stereotypen van grotestadbewoners uit de kast gehaald en zo overdreven neergezet dat ze tegelijkertijd op de helling gaan.

In deze eerste aflevering zijn we getuige van de eerste ontmoeting van de twee gezinnen die als één *Grossfamilie* zullen gaan samenleven. De kern ervan zijn aan Duitse kant de gescheiden, ietwat hysterische psychotherapeute Doris, haar dochter, het bijdehante 16-jarige schoolmeisje Lena en haar jongere, hoogbegaafde broer Nils. Aan de Turkse kant bevinden zich de geassimileerde politiecommissaris Metin, weduwnaar sinds zeven jaren, zijn dochter Yağmur, een strenge, beeldschone en slimme moslima met hoofddoek, en haar iets minder snuggere maar o zo stoere broer Cem. (In latere afleveringen komen daar figuren bij als de door het naziverleden geobsedeeerde Duitse opa, de Turkse oma met een dubbele moraal, de ongetrouwde, sexy zuster van Doris en de ex-man van Doris, in de ban van new age en sjamanisme.) Vaste figuur in alle 52 afleveringen is ook de Griekse Costa, de stotterende vriend van Cem, die uiteindelijk trouwt met Yağmur. Het perspectief van de gebeurtenissen ligt bij Lena, die in videobrieven aan haar vriendin in de VS en later aan haar vader verslag doet van haar leven.

De gezinnen komen voor het eerst samen op 'neutrale grond', een Chinees restaurant, waar ze tot verbijstering van Lena niet gezellig met z'n drietjes gaan eten maar worden voorgesteld aan de Öztürks. Waar bovendien de mededeling volgt dat Doris en Metin besloten hebben bij elkaar in te trekken. Met hun kinderen. Ondanks alle protesten wordt het plan voltrokken, want Doris en Metin zijn dolverliefd. Ze verhuizen allemaal naar een groot huis, dat niet in een opvallend multiculturele wijk staat maar in de rustige, groene wijk Friedenau: het straatnaambordje Handjerystrasse is zichtbaar, maar verwijst misschien naar een zijstraat. In volgende afleveringen is geregeld het huisnummer 13 zichtbaar.

De moeizame tafelscène in het restaurant – niet bepaald lichter gemaakt door Yağmur, die aan de serveerster een steriel verpakt bord vraagt om elk contact met varkensvlees te vermijden – wijst vooruit naar vele toekomstige moeizame maaltijden. De maaltijden in TÜRKISCH FÜR ANFÄNGER halen de politieke en religieuze utopie van voedsel en maaltijden als bindende kracht in de multiculturele samenleving behoorlijk onderuit. In huize Schneider-Öztürk is de maaltijd het symbool van botsende verwachtingen en de onmacht van goede bedoelingen. Niet alleen worstelt Yağmur moederziel alleen met de ramadan, die voor haar het symbool van 'de religie van haar moeder' is, maar alle familieleden hebben moeite aan een gezond maal te komen. Doris kan niet koken, maar heeft het in haar hoofd gehaald dat ze nu verantwoordelijk is voor het huishouden en de gezamenlijk genoten avondmaaltijd. In deze eerste aflevering komt ze thuis met een gigantische diepvrieskalkoen. 'Mama, daar ligt een dood dier!' Nils en Metin bedekken het wanstaltige resultaat, geblakerde kalkoenpoot, met de mantel der liefde, terwijl de anderen hun weerzin niet onder stoelen of banken steken. Verder zien we Doris zelfgebakken tulbanden hard als beton doorzagen met een keukenmes en trots zelfgemaakte Thaise curry met lamsvlees serveren, die gewoon uit de magnetron komt. Zoals blijkt wanneer Yağmur blijft twijfelen aan de smaak en Doris nerveus in de afvalbak in de keuken graait om te kijken of er toch geen varkensvlees is geleverd door de cateraar.

Aan het einde van deze eerste aflevering spreekt Metin zijn nieuwe gezin toe en maant hun er vanaf nu rekening mee te houden 'dat we allemaal verschillend zijn'. Dat betekent dat Doris een waardeloze huisvrouw mag blijven, weer fulltime gaat werken en dat iedereen in het huishouden moet helpen. Het gevolg is dat er ettelijke keren alleen een grote pan met spaghetti, een fles ketchup en een potje basilicum voor de vitamientjes op tafel staat, naast de wijnfles. Alleen het ontbijt ziet er altijd goed uit – de basis is in orde. Tegen Lena zegt Metin: 'Ik snap dat je geen vader nodig hebt maar probeer me niet als een crimineel te behandelen. Hé, ik ben politieagent, een van de goeien.' Het is een grapje maar het geeft wel aan waar de figuur van Metin voor staat: de Wet. Hij is echter niet meer de autoritaire vader uit het witte bourgeois gezin, maar de redelijke, geëmancipeerde en geïntegreerde Duitser van Turkse afkomst. Die zijn stiefdochter verzoenend omhelst, waarop Lena eerst terugdeinst maar dan tot haar schrik merkt dat ze zich 'geborgen' voelt.

Het wapen van de hedendaagse gezagsdrager is niet het pistool maar de camera. Net als de laatste aflevering eindigt de eerste met een door Metin georganiseerde familiefoto met zelfontspanner in de huiskamer. 'We worden een familie', zegt Nils tevreden. 'Ja, ja, en dat moet natuurlijk gedocumenteerd worden', meesmuilt Lena, die het niet kan laten haar middelvinger op te steken naar Cem, precies op het moment van afdrukken. De herneming van dit moment van 'shooting the family', vier jaar later, nu met de baby van Lena en Cem op schoot, is tegelijk een bevestiging en een ridiculisering van het nieuwe Duitse gezin dat zich voegt naar de optimistische multiculturele wet van vader Metin, dat 'we er rekening mee moeten houden dat we allemaal verschillend zijn'. De figuur van Cem is de personificatie van deze ambivalentie. Na twaalf ambachten, dertien ongelukken is hij ten slotte met een score van nipt 51 procent geslaagd voor de politieschool en schuift nu in uniform aan voor de foto. Als simpel en niet zo snugger agentje is hij slechts een zwak aftreksel van zijn vader. Echt betrouwbaar komt hij niet over.

Opening naar de toekomst

Het zou te veel gezegd zijn om de geboorte van de kinderen uit *De langverwachte* en TÜRKISCH FÜR ANFÄNGER een belofte voor de toekomst te noemen. Oost west, thuis best? Nou... Doris bakt er weinig van als mater familias – alleen verbrande taarten en Mehdi is een vader van 'pas 17 jaar oud'. Ze doen heus hun best, maar het blijft toch een beetje aanrommelen daar in de grootstedelijke multiculturele komedie. En de baby's zijn geen kleine messiasjes, in de wereld gebracht om oost en west te verzoenen in een interculturele grootfamilie. We zitten niet in een Disneyfilm, hier is het 'shooting the family'! Alleen al hoe die kinderen zijn ontstaan: in beide gevallen als 'ongelukje', of wat soms eufemistisch 'liefdesbaby' wordt genoemd. (In aflevering 49 zit Lena wanhopig op de badkamervloer te midden van twintig zwangersschapstesten met stuk voor stuk het blauwe streepje van 'positief'.) En toch, al zijn het geen verlossertjes, de baby's belichamen wel een *opening* naar de toekomst. De jongere generaties in de hedendaagse samenleving zullen zich onvermijdelijk steeds meer mengen en gekleurde baby's voortbrengen.

Laten we daar geen drama van maken.

Loesje en de kunst van het citeren

Jonneke Bekkenkamp

Loesje. Loesje van de posters. Daar krijg ik altijd goede zin van. Gemeenschapszin. Alsof ik op straat wordt aangesproken door een wildvreemde en daar ineens iets mee krijg. Met verrassende teksten in de openbare ruimte geven de posters stem aan een nieuw wij. Loesje brengt het maatschappelijke debat op straat: 'Democratie. Nou wij' (1985).

De Loesje-teksten lijken simpel. En dat zijn ze ook. Of toch niet? In dit essay bespreek ik, aan de hand van vier complexe boeken, vier prototypische vormen van wij-zeggen: alledaags, cultureel, religieus en profetisch. En ik laat zien, dat beoog ik in ieder geval, dat Loesje, in al haar eenvoud, een geraffineerde mix is van het beste van al deze wij-vormen. Omgekeerd, door deze vormen van wij-zeggen via Loesje te linken, kan ik ze laten zien als mogelijke staties op weg naar een nieuw wij.

De boeken die ik bespreek zijn *De gedroomde samenleving* van Willem Schinkel, *Stad van woorden* van Alberto Manguel, *Ich und Du* van Martin Buber en *The Outsider* van Colin Wilson. De perspectieven op wij-zeggen die deze boeken bieden sluiten elkaar niet uit. De ene positie roept de andere op.

De *eerste positie* is die van een quasi vanzelfsprekend, alledaags wij, dat niettemin deels fictief is. Het is het wij van de gedroomde samenleving die Willem Schinkel in zijn gelijknamige boek bespreekt.

Op het moment dat de fictie tot frictie gaat leiden is het zaak om te zoeken naar betere fictie. Dat is de *tweede positie*, die van de verbeelding, het culturele wij van de *Stad van Woorden* van Alberto Manguel. Het wij van een groep is bijna altijd deels fictief, en het wij van onze samenleving is altijd deels wens, deels werkelijkheid. Dromen over een betere samenleving kan helpen het samen leven te verbeteren.

Zaak is dan wel om uit de fictie in de werkelijkheid te stappen. Dat is de *derde positie*, prototypisch verwoord door Martin Buber in *Ik en Gij*. Ontmoetingen waarin iets gebeurt geven een gevoel van leven. Alleen, dat gebeuren is discontinu. Het is er of het is er niet.

Onvrede daarover kan leiden tot de *vierde positie*, die van de bewuste buitenstaander. Mensen die vanuit een verlangen naar Meer Werkelijkheid elk fictief wij afwijzen als afleidend van waar het om gaat in het leven. Colin Wilson bespreekt die positie in *The Outsider*. De enkelingen die met grote hartstocht tot het uiterste gaan om elke schijn te doorbreken kunnen anderen stimuleren tot minder schijnheiligheid, meer leven, en mogelijk ook tot meer echt samen. Het kan allemaal ook in een andere volgorde, want zoals Loesje het zo mooi zegt: 'Wat betekent oost en west als de wereld rond is'.

Alledaags wij

Een eerste, veelgehoorde en schijnbaar vanzelfsprekende wijze van wij-zeggen is het wij van mission statements en van 'dat doen wij hier niet'. Het wij van 'wij Nederlanders', 'wij wetenschappers', 'wij van de KLM'. Het impliciete wij in 'samenleving'. Onder de deskundigen zijn het vooral de sociologen die zich bezighouden met deze vormen van 'wij', soms normatief – 'over het recht om wij te zeggen' – vaker met de pretentie dat ze empirische feiten sec beschrijven en verklaringen bieden.

Wat sociologen daarbij vergeten volgens Willem Schinkel, zelf socioloog, is dat de samenleving geen feit is maar een productieve 'confictie'. Confictie is een van de woorden die Schinkel zelf aanmaakt: de fictie van een 'con', van een 'met' of een 'samen'.[22] Woorden als 'samenleving' en 'integratie' zijn geen neutrale weergave van een bestaande werkelijkheid: ze roepen de werkelijkheid waarnaar ze zeggen te verwijzen in leven.[23]

Schinkel bespreekt in *De gedroomde samenleving* de confictie van het integratiediscours, het spreken over de gewenste aanpassing van 'buitenstaanders' aan een als organische eenheid, als sociaal lichaam, voorgestelde 'samenleving'. Die samenleving is een wensbeeld, een droom. Als je maar vaak genoeg zegt dat 'wij' modern zijn, en tolerant, seculier of wat je maar wenselijk acht, wordt het waar. Wie niet beantwoordt aan deze normen staat gewoon 'buiten' de samenleving en moet integreren. Of oprotten, waaruit blijkt dat hij/zij niet buiten was maar binnen, 'binnengedrongen'. Als de samenleving een feit was en geen fictie, dan zou ze al het sociale leven omvatten – en daarmee een overbodig begrip worden. Ieder ander spreken over samenleving trekt volgens Schinkel grenzen waarvan gedaan wordt alsof ze al voor het trekken van die grenzen bestonden.

Samenleving is dus geen beschrijvende term, maar een voorschrift in de zin van een vooronderstelling die nooit werkelijk bevraagd wordt. Schinkel heeft het over de samenleving als een citaat: wie 'samenleving zegt, citeert. En iedereen citeert een citaat zonder origineel. Daarin ligt de kracht van 'de samenleving': ze doet ons geloven dat het citaat teruggaat op een origineel spreken, een spreken werkelijk over en vanuit 'samenleving'.[24]

Het is moeilijk om je hieraan te onttrekken. Je kunt het schijnbaar vanzelfsprekende spreken over de samenleving wel ontregelen. Schinkel doet dat door een term als 'samenleving' consequent tussen aanhalingstekens te zetten:

De aanhalingstekens die ik heb gebruikt hebben twee redenen: 1. ik citeer; 2. de vanzelfsprekende manier van spreken over zaken rond [integratie], 'samenleving' en 'cultuur' lijkt me (...) zo problematisch, dat de aanhalingstekens dit spreken voortdurend onderbreken en verstoren.[25]

Loesje ontregelt op haar eigen wijze het gangbare spreken over de samenleving met teksten als 'Multicultureel. O je bedoelt zoals de wereld?' en 'Wie nu nog niet met asielzoekers kan omgaan hoort hier niet thuis.' Eind november 1983 werd de eerste Loesje-poster geplakt en inmiddels zullen er weinig Nederlanders zijn die haar niet kennen. Wat begon aan een keukentafel in Arnhem is uitgegroeid tot een creatief ideëel netwerk met internationale vertakkingen.

Door de naar buiten gerichte blik van Loesje biedt het in 2008 uitgekomen jubileumboek *Loesje. 25 jaar posters die de wereld veranderen* een beeld van de recente geschiedenis. De val van de Berlijnse muur? Loesje was erbij. Het uiteenvallen van Rusland en Tsjechoslowakije, Loesje ging kijken. Nieuwe landen in de EU, reden voor een rondreis: 'even hallo zeggen'. Naar aanleiding van de aanslagen op de WTC- torens in New York maakte Loesje een poster als een door omstanders te tekenen vredesverklaring: 'Please sign this peace treaty: I will not kill anyone in New York, Afghanistan, or anywhere else'. Een vriend van haar, schrijft Loesje in haar aantekeningen van 20 september, hing deze poster op rond Ground Zero en vertelde dat een dag later alle posters vol handtekeningen stonden.

Het wij van Loesje als organisatie is fysiek aanwezig en aanwijsbaar. Een club met een redactiekantoor in Arnhem, een internationaal kantoor in Berlijn, een 'unieke groepssfeer' en groepen die incidenteel of op geregelde basis elders in het land samenkomen en samen schrijven. Het schrijven van Loesje-teksten is een groepsproces. Op de agenda op de Loesje site kun je zien waar en wanneer er geschreven wordt en kun je meedoen. Loesje geeft ook schrijfworkshops op aanvraag. De teksten die dat oplevert gaan naar de redactie in Arnhem die ze de *finishing touch* geeft, en de lay out verzorgt. Als losse bezoeker van de site kun je ook meeschrijven. Ook die teksten gaan door de groep. 'Doordat het een groepsproces is, weten we vaak niet eens meer wie welke tekst heeft geschreven. Elke tekst is dan ook van Loesje.'

Maar wie is Loesje? Loesje onttrekt zich aan de identificatieplicht die ze typeert als een dwangneurotisch trekje van de overheid: 'Identificatie. Ik denk eerlijk gezegd dat u niet eens wilt weten wie ik ben' (2001). De mensen achter Loesje tref je alleen als je ze opzoekt. De site vermeldt geen namen, de boeken en andere producten staan op naam van de Stichting Vrienden van Loesje. Loesje is een creatieve fictie, een alternatieve con-fictie van 'samenleving': 'Waarom moeilijk doen als het samen kan' (1991).

Samenleving is een politieke term en politici zijn dromers. Helaas zijn het regressieve dromers, verzucht Schinkel. Hun dromen zijn starre dromen. Omdat ze niet meer geloven in vooruitgang raken ze naar binnen gekeerd, gefixeerd op ziektes die de als sociaal lichaam gedachte 'samenleving' bedreigen. Ze lijden aan sociale hypochondrie. Loesje heeft daar geen last van. Ze is wel stijlvast, opmerkelijk stijlvast, maar haar dromen zijn dromen voorbij de gedroomde samenleving. 'Meer blauw in de lucht. Meer dromen op straat' (1998).

Loesje is kritisch, alert en open: 'Als we de deuren van onze auto's 's avonds openlaten hebben 5 miljoen zwervers een slaapplek'.

Loesje is tegelijk naïef en scherp, reflexief en pragmatisch: 'Levensvragen. Ik richt me liever op het aanbod'; 'Hdtv. Je ziet veel scherper dat het weer niets is'. Ze wijst feilloos de tegenstrijdigheden aan in het zogenaamde publieke debat maar blijft positief: 'Je zult toch net die laatste druppel zijn' (1999). En, de grootste schijnbare spagaat: ze is tegelijk hedonistisch – 'Geniet nooit met mate' (1991) – en politiek. 'Steeds meer Nederlanders zoeken politiek asiel. Door zich erbuiten te houden' (1998). Dat doet Loesje niet. Als alternatief sociaal lichaam posteert ze zich op straat.

Cultureel wij

Loesje koestert het oude ideaal van de publieke ruimte als een agora waar mensen elkaar ontmoeten. De Loesje-posters zijn een tegenwicht tegen alle advertenties en uithangborden in de openbare ruimte. Loesje geeft liever dingen een slinger dan zich ergens tegen te keren, maar als ze ergens tegen is dan is het tegen het steeds dieper in de samenleving doordringen van reclame. Gemeenten zouden de commerciële vervuiling van de openbare ruimte moeten aanpakken in plaats van de vrijheid van meningsuiting en het plakken van ideële posters te beknotten. Negentig procent van de posters in de openbare ruimte is reclame-uiting, en reclame steelt je hart.

Een paar typische uitspraken van Loesje: 'Groei. Wanneer wordt die economie nou eindelijk eens volwassen' (1992); 'Er gaan stemmen op om het bedrijfsleven heilig te verklaren'; en 'Wel jammer dat ze willen bezuinigen op samenleving om de economie te laten groeien' (1998). Leuk was ook de actie in Arnhem waar ze reclamezuilen in witte lakens hulde, waar voorbijgangers vervolgens hun eigen teksten op kwijt konden.

Waar Loesje de verbeelding op straat brengt zoekt iemand als Alberto Manguel de meerstemmigheid in de literatuur. Manguels beeld van een samenleving is het beeld van een stad van woorden. Het gevaar dat die stad bedreigt is niet een Babylonische spraakverwarring maar het verarmde vocabulaire van de steeds dieper in de samenleving doordringende reclametaal. In de taal van de reclame wordt eenvoud gelijkgesteld aan waarheid. 'Deze taal vertelt geen verhalen maar samenvattingen van verhalen, ingekookt tot de moraal die er een is die onze meest egoïstische verlangens te allen tijde bevredigt.'[26]

Als een samenleving op een zinnige wijze invulling wil geven aan haar identiteit moet ze zich volgens Manguel verre houden van reclametaal en 'nieuwe woorden van de stam' putten uit de oude bron van de literatuur. Verhalen verlenen niet alleen individuen, maar ook een hele samenleving haar identiteit. Alleen verhalen die inspelen op een gedeelde werkelijkheid kunnen dat. Verhalen die de samenleving zelf vormt uit haar ontelbare gebeurtenissen. Geen gefingeerde inventies maar inventieve ficties, geworteld in tijd en plaats en toch altijd veranderlijk.

Een dergelijke fictie kan nooit exclusief zijn. Als er één droomwereld mogelijk is, moet er ook rekening gehouden worden met andere. Het verhaal dat een samenleving, en elk van haar individuen, een identiteit verschaft moet zich, om zijn doel te dienen, niet alleen vormen naar wat die samenleving voorschrijft, maar ook naar wat zij voor vreemd houdt en buitensluit.

In zijn keuze van verhalen die ons kunnen helpen samen te leven laat Manguel zich leiden door de aanwezigheid in die verhalen van onwaarschijnlijke vriendschappen en dubbelgangers: 'de ander als tastbare aanwezigheid van een verborgen zelf'.[27]

In *Stad van Woorden* betrekt Alberto Manguel de meervoudige identiteit die verhalen kunnen geven op recente pogingen van regeringsleiders om nationale identiteiten te definiëren. De bepaling van de regering Blair bijvoorbeeld, in januari 2007, dat scholen de idee van 'Britsheid' moesten voorstaan en uitdragen. Manguel zet de invulling die daaraan werd gegeven weg als een vaag soort couleur locale, dat je eerder zou verwachten van een reisbureau.

Waar Loesje zich afvraagt waarom een paspoort geen pagina's heeft voor adressen lijkt Manguel er een literaire geheugenkaart in te willen steken. De taal van verhalen stelt je namelijk in staat om een meervoudige identiteit op te bouwen waar je meer kanten mee opkunt. De taal van gedichten en verhalen erkent dat het onmogelijk is allerlei categorieën precies en definitief te benoemen. Deze taal brengt ons samen onder de soepele noemer van mensheid. We leven in een wereld van veranderlijke grenzen en identiteiten. We zijn aan een bepaalde plek gebonden door geboorte, liefdesbanden en interesses, maar we geven die verbondenheid, al dan niet gedwongen, steeds vaker op voor nieuwe banden en aanhankelijkheden, die op hun beurt ook weer plaats zullen maken. 'Nationaliteit, etniciteit en verwantschap impliceren bepaalde politieke en geografische definities, en toch, deels vanwege onze nomadenaard, deels vanwege de grillen van de geschiedenis, is onze geografie eerder verankerd in een denkbeeldig dan in een fysiek landschap. 'Thuis' is altijd een imaginaire plek'.[28]

Hoe meer verhalen gehoord worden, des te complexer is de identiteit van individuen en des te opener een samenleving. Kort gezegd komt Manguels betoog daarop neer:

> *Tegenover de beperkende verbeelding van bureaucratieën, tegenover het beperkte gebruik van de taal in de politiek, kunnen verhalen een open, onbegrensd spiegel-universum van woorden stellen dat ons een beeld laat zien van ons samen.*[29]

De taal van de politiek pint je vast. Je krijgt een etiket opgeplakt, een conventioneel beeld waaraan je geacht wordt te beantwoorden. En 'in diezelfde taal is er ook sprake van een blik die buitensluit, een blik die we op mensen richten die een andere taal, een andere godsdienst, een ander stuk land lijken te delen'.[30] Die geconstrueerde kijk op de ander – die voortkomt uit de poging zichzelf beter te definiëren, die weer voortkomt uit angst voor desintegratie –

leidt tot conflicten. Zo kan dus het verdoezelende concept van de identiteit van een samenleving zelf de oorzaak van een conflict zijn. En dan kunnen we, oppert Manguel, liever dan onze verschillende karakters en onze uiteenlopende talen in de vergaarbak van een gemeenschappelijke maar beperkte taal te dwingen, al onze karakters en al onze talen misschien wel samenvlechten en de vloek van Babel tot een gave van vele tongen maken.

Tot zover de *Stad van Woorden*. Ik vond het een mooi boek. Ik houd van literatuur. Maar wat me verbaasde was dat Manguel met geen woord de kwestie van de canon aansnijdt. Willen verhalen gemeenschap stichten, dan moeten ze wel gedeeld worden. Manguel lijkt ervan uit te gaan dat iedereen de boeken waaruit hij citeert kent. Zonder uitzondering boeken van mannen. En zonder uitzondering boeken die door de culturele elite op de wereldliteratuurlijst zijn gezet.

Loesje heeft niet zoveel met elite, ook niet met de culturele elite. Wel met cultuur. Wel met een liefde voor rijkdom van geest. In 2005 ging ze een paar keer de straat op als Robin Hood, om ideeën en plannen te stelen van de rijken van geest om die vervolgens aan te bieden aan de 'armen van geest', de inspiratieloze regeerders. Wel met het verleggen van grenzen: 'Volgens mij zijn wij de echte globalisten, al worden we dan antiglobalisten genoemd' (1998). En wel met meerstemmigheid: 'Afrikaans gezegde. Alle gedachten zijn broeders' (1993). Maar ze heeft minder, zo niet niets, met eerbied voor kunst en literatuur: 'Nooit snapt kunst mij' (1993); 'Kunst. Een oude lul in jonge kaas'; en vooral: 'Boeken. Ik vind het leven beter'.

Ontmoetings-wij

'Ga en praat met vreemden'. In 2007 deelde Loesje die tekst, met wat creatieve openingszinnen, uit aan treinreizigers. Als duwtje in de rug om een gesprek te beginnen. Het was haar bij het treinreizen opgevallen dat mensen zo langs elkaar heen leven. 'Ze zitten in een boek begraven of hebben muziekdopjes in hun oren en staren uit het raam. En dat is toch eigenlijk best gek, als je bedenkt dat je juist een grote kans hebt op hele leuke gesprekken tussen zo veel mensen.'

De oproep om met vreemden te praten is volgens Jonathan Sacks de kern van het Joodse geloof.[31] Het is in ieder geval de positie die de Joods-Duitse geleerde Martin Buber bepleit in *Ich und Du*, zijn in 1923 verschenen, klassiek geworden boek. De Nederlandse vertaling, *Ik en Gij*, is van 1959. Ik citeer uit de in 1969 verschenen derde druk. Het wij van Buber is een wij van de ontmoeting, van de relatie. Het is een wij dat je niet kunt definiëren omdat je het dan, door het vast te leggen, blokkeert. Het leven gaat niet alleen boven boeken, boeken kunnen het levende woord van de ontmoeting belemmeren. Buber spreekt over een 'gevangenzetting van het persoonlijk spreken in de bibliotheek' en over 'geestelijk leven' als 'hinderpaal voor het leven-in-de-geest'[32]. Waarmee hij overigens niet wil zeggen dat boeken niets teweeg kunnen brengen. Al lezend kun je je ineens aangesproken voelen, maar de relatie die je op dat moment aangaat met de auteur is, als elke echte relatie, direct en exclusief.

Ik en Gij herlezend voelde ik me persoonlijk aangesproken. Onder meer door de epiloog die in de vertaling is opgenomen, waarin Buber een aantal vragen beantwoordt die lezers in de loop van de tijd hebben gesteld. Maar eigenlijk leest het hele boek als een brief. Een lange brief met levenslessen: lessen in leven. Geschreven in een geheel eigen idioom. Centraal staat niet het woord 'wij' maar het woord 'ik'. Niettemin biedt het een verrassende en uitgesproken kijk op de mogelijkheden en onmogelijkheden van een 'samen'.

Voor Buber bestaat er geen Ik op zichzelf, en ook geen Ik van Wij, maar 'uitsluitend het Ik van het grondwoord Ik-Gij en het Ik van het grondwoord 'Ik-Het'. Als je ik zegt, zeg je impliciet ofwel 'Ik-Gij', ofwel 'Ik-Het'. Baby's hebben de neiging om met alles en iedereen een relatie aan te gaan, alles en iedereen aan te spreken, van de mensen rond de wieg tot de vlieg boven de wieg en de rammelaar. Dat is het aangeboren 'Gij'. Wat de baby tegenover zich heeft komt en gaat. De relatiebelevenissen verdichten zich en lossen weer op, en langzaam maar zeker kristalliseert zich het bewustzijn uit van de gelijkblijvende partner, het ik-bewustzijn.

Zo wordt je 'Ik' aan het 'Gij'. Dat Ik roept zichzelf vervolgens uit tot drager van gevoelens, en de omliggende wereld tot object van waarneming en voorwerp van manipulatie. De egocentrisch geworden mens, de mens die 'Ik-Het' zegt, ervaart de dingen als sommen van eigenschappen. Alles krijgt zijn plaats, afloop, meetbaarheid en bepaaldheid. Daar is niets mis mee. Zonder Het kun je niet leven. Maar wie uitsluitend in het Het leeft is niet waarlijk mens.

Wat Buber beweert doet me denken aan de poëzie van Wislawa Szymborska: het leven zit in niet te ordenen aanrakingen, ontmoetingen en roepingen, maar om te overleven is enige provisorische orde onontbeerlijk. 'Als ik in drie dimensies leef (...) dan is dat hun verdienste', zo betuigt Szymborska in 'Dankwoord' haar dank aan mensen van wie ze niet houdt. En in 'Hemel':

> *De scheiding tussen aarde en hemel*
> *is niet de juiste manier*
> *om aan het geheel te denken.*
> *Ik kan er alleen mee overleven*
> *op een preciezer adres*
> *dat sneller is te vinden,*
> *als ik gezocht zou worden.*

Terug naar Buber: pas doordat de dingen uit ons Gij tot ons Het worden, worden ze coördineerbaar. De wereld van het Het heeft samenhang in ruimte en tijd. De wereld van het Gij heeft haar samenhang in het Midden, in het centrum waarin de doorgetrokken lijnen van alle relaties elkaar snijden: het eeuwige Gij. Elk Gij in de wereld wordt weer een ding, een Het. Zonder Het kan een mens niet leven. 'Het Het is de eeuwige cocon, het Gij de eeuwige vlinder.' Het is niet de relatie die noodzakelijkerwijs verslapt, maar de actualiteit van haar directheid.

Buber stelt dus dat elk echt 'wij', elk 'samen' discontinu is. Dat is geen ramp, omdat het eeuwige Gij eeuwig Gij blijft, en zo garant staat voor de ongebrokenheid van de wereld van het Gij. Zijn beeld van een samenleving is niet het beeld van een lichaam maar het beeld van een internetkaart: licht op plekken waar veel mensen *online* zijn (spreken vanuit het Ik-Gij).

> *De ware gemeenschap ontstaat niet doordat mensen gevoelens voor elkaar hebben (...) maar door de volgende twee dingen: dat zij allen in een levende wederkerige relatie staan tot een levend Midden, en dat zij onderling in een levende wederkerige relatie staan (...) De gemeenschap wordt gebouwd uit de levende wederkerige relatie, doch de bouwmeester is het levende werkende Midden.*[33]

Gevoelens zijn niet onbelangrijk voor een gemeenschap, net zomin als instituties. Ze zijn onmisbaar zelfs, maar ze behoren tot de wereld van het Het. Het verschil tussen Ik-Gij en Ik-Het is niet een verschil tussen subjectief en objectief, maar een verschil tussen werkelijkheid en fictie, tussen leven en beleven, tussen relaties aangaan en het opdoen van ervaringen. Ervaringen leveren wel kennis op, maar alleen van een wereld die bestaat uit 'Het en Het en Het, uit Hem en Hem en Hem, en Haar en Haar en Haar'. Dat geldt evengoed voor innerlijke ervaringen als voor uiterlijke. Allemaal nuttig en nodig, maar een cultuur die niet langer haar middelpunt vindt in een levend, onophoudelijk vernieuwd relatiegebeuren, verstart. Vrijheid en lot – samen de zin van het leven – maken dan plaats voor wetmatigheid en willekeur. Bestemming – de drive om de zin die je krijgt te doen – maakt plaats voor een gevoel van moeten. Je raakt in de tredmolen van doelen en middelen.

Wie in de relatie treedt is vrij en dus creatief. Die is wat Buber een persoon noemt. Het Ik van het grondwoord Ik-Het is het individu. Het Ik van het grondwoord Ik-Gij is de persoon. De persoon zegt: 'Ik ben'. Het individu zegt: 'Zo ben ik'. Het 'zo' van 'Zo ben ik' is fictie, de fictie van een eigen, unieke identiteit. Hoewel je er niet aan ontkomt – geen mens is louter persoon, geen mens ook louter individu – is het wel zonde: 'Per slot is ook de edelste fictie een fetisj, de verhevenste fictieve zienswijze een zonde.'[34]

Wat geldt voor individuele identiteit geldt evenzeer voor collectieve identiteit, de identiteit van een samenleving. Allemaal ficties die allemaal regelmatig heilzaam opengebroken moeten worden. Anders raken we gevangen in 'de kerker van het sociale leven', verstopt in de valse geborgenheid van een geïnstitutionaliseerd geloof, en verstrikt in de wetten van de staat en de economie. Economie en Staat kunnen uit zichzelf niet vrijer en rechtvaardiger worden. Dat kan alleen de presentie van de Geest. Een politicus die zich aan de Geest onderwerpt, bedrijft geen dilettantisme: 'Hij weet zeer wel, dat hij de mensen met wie hij te maken heeft, niet zo maar als dragers van het Gij tegemoet kan treden zonder zijn werk aan de ontbinding prijs te geven. Maar toch waagt hij het om dit te doen – alleen niet 'zo maar', doch tot de grens die de Geest hem ingeeft'.[35]

Intermezzo: religie en wij-zeggen

Voor Buber staat of valt een ware gemeenschap dus met relaties en met religie: met niet functionele relaties met medemensen, en met religie als het in relatie staan met het levende Midden. God is voor Buber een aanduiding onder andere voor dat levende, werkende Midden, voor het eeuwige Gij, voor het Presente, voor de Werkelijkheid.

In de alledaagse taal is Werkelijkheid nu niet het eerste waar je aan denkt als het over geloven gaat. In de spreektaal staat de betekenis van religie dichter bij fantasieën die niet helemaal van deze wereld zijn. Zoals Loesje zegt: 'Geloven is een buitenaardse relatie aangaan met jezelf'(1987).

Wat Loesje hier geloven noemt, noemt Buber spiritualiteit. Spiritualiteit en geloof zijn voor hem twee totaal verschillende dingen. Spiritualiteit is fictie, verheven fictie, maar nog altijd fictie. Geloof is omgekeerd het volledig openstaan voor de werkelijkheid, voor het hier en nu presente. Spiritualiteit is een vorm van doorgeslagen individualisme, van jeZelf met een hoofdletter. Geloof leidt tot gemeenschap.

Het is opmerkelijk hoe scherp Buber begin jaren twintig de opkomst signaleert van spiritualiteit, en hoe fel hij zich kant tegen wat hij ziet als het 'genieten van de figuratie van de eigen ziel'. De Geest is niet in het Ik, maar tussen Ik en Gij. De Geest is niet te vergelijken met het bloed dat in je stroomt, maar met de lucht die je inademt. 'Wie het geïsoleerde Ik uitspreekt met een hoofdletter, legt de schande bloot van de wereldgeest die verlaagd is tot spiritualiteit'.[36]

Het lastige van spreken over religie, geloof en spiritualiteit is dat het zoveel en zelfs tegenstrijdige zaken kan aanduiden. Ook in het alledaagse en in het culturele wij-zeggen speelt religie een rol, maar het betekent daar iets anders, en het speelt ook een andere rol.

In het quasi-vanzelfsprekende wij van 'de samenleving' is religie gewoon wat het is, en dat is dan alles wat niet redelijk is. Geloven is iets voor waar aannemen omdat een geestelijke autoriteit het zegt. Een God of een diepere stem in jeZelf. Of het is behoren tot een groepering die als religieus staat aangeschreven: christenen, joden, islamieten, boeddhisten, vrije spirituelen, enzovoort. Het alledaagse wij-zeggen is impliciet wij/zij-zeggen, en religie speelt daarbij een rol als splijtsteen: 'wij seculieren' versus 'zij gelovigen', waarbij geloof een verzamelterm is voor alles wat onredelijk en onbegrijpelijk is. Of omgekeerd, 'wij gelovigen' versus 'zij seculieren', waarbij seculier dan afwisselend staat voor alles wat decadent of opportunistisch is.

Er is nog een andere manier waarop religie in het alledaagse wij-zeggen een bornerende rol speelt, namelijk in het 'wij-christenen-Europeanen' versus 'zij-islamieten'. Bijvoorbeeld in een typisch gesprek dat ik in de trein optekende: 'Ik weet eigenlijk meer van de islam dan van onze eigen religie. Hoe heet die ook weer?' Dat is een opmerkelijke tendens in het alledaagse spreken, dat de islam meer met religie geassocieerd wordt en minder met cultuur, en het christendom omgekeerd minder met religie en steeds meer met cultuur. Dat brengt me bij het culturele wij. Het culturele wij-zeggen is impliciet 'jij en ik'-zeggen. Het culturele wij dat zijn 'jij en ik' die te beschaafd zijn om in wij/zij termen te denken. 'Wij' lezen Literatuur. Het respect dat hier heerst voor adeldom van geest zou je met Loesje ook religieus kunnen noemen: 'Religie? Dat was toch iets met het constant herhalen van verhalen?' Alberto Manguel memoreert dat in de Griekse, Joodse, christelijke of islamitische termen verhalen een goddelijke gave zijn. De goden, of het nu een muze is of de Heilige Geest, dicteren de boeken. In die lijn ziet Manguel het vertellen van verhalen als een heilige gemeenschapstaak. Religie, in de zin van het goddelijke en het heilige, is hier de rijkdom aan literatuur die ons is overgeleverd en het speelt de rol van inspirator voor een betere wereld. Een wereld waarin geen wij/zij tegenstellingen zijn maar verschillen 'ons' kunnen verrijken.

In Bubers visie bestaat er geen echt wij zonder religie. Overigens gebruikt Buber het woord religie niet. Hij heeft het over geloof. Echt wij, werkelijk wij, is waar mensen 'Ik-jij?' zeggen. 'Ik-jij?' lijkt me een mooie eigentijdse vertaling van 'Ik-Gij'. En religie, of liever geloven, is openstaan voor de Werkelijkheid, voor de ontmoeting, voor de hoogste ontmoeting met het eeuwige Gij, een overrompelende ontmoeting/openbaring waaruit je veranderd tevoorschijn komt. Religie is hier geen inhoud maar een gebeuren. Buber gelooft niet in een God die zichzelf een naam geeft of zichzelf definieert: 'Het woord der openbaring is: *Ik ben die Ik ben.*' Dat wij ook het eeuwige Gij tot een Het maken, tot (geloofs-)'inhoud', komt volgens Buber voort uit de behoefte van mensen aan continuïteit. Oorspronkelijk complementeren cultus en geloof binnen het raam van ruimte en tijd de daden van relatie; geleidelijk aan gaan ze deze vervangen en worden zo surrogaat.[37]

De buitenstaander

Het ontmoetings-wij is er of het is er niet. Je kunt je er voor open stellen maar je hebt het niet in de hand. Hoe meer dingen uit de hand lopen, des te meer kans op een nieuw wij. Stroomstoringen en sneeuwbuien zijn goede wij-opwekkers. Ontregelingen leiden tot ont/moetingen. Maar op een gegeven moment gaat de trein toch weer rijden. Mag je hopen. Buitenstaanders hopen dat niet. Die zien met afgrijzen hoe iedereen de sleur weer oppakt van het geregelde leven.

Met buitenstaanders bedoel ik dan de hoogvliegers die Colin Wilson beschrijft in *The Outsider*, het boek waarmee hij in 1956 debuteerde. Wilson stelt de figuur van de buitenstaander samen uit het leven en werk van mensen als Camus en Hemingway, Hermann Hesse en James Joyce, Tolstoj en Dostojevski, William Blake en Thomas Mann, Nietzsche en Kierkegaard. De overeenkomst van al deze mannen met Buber ligt in het streven naar meer Werkelijkheid, in de wil de wereld van het Het te doorbreken. Het verschil is een kwestie van optimisme versus pessimisme, en een verschil in ambitie. De buitenstaander legt de lat hoger – hij wil de continuïteit van de Presentie die Buber voor onmogelijk houdt.

Mensen heb je volgens Wilson in soorten. Het basisverschil, schrijft hij in het voorwoord van de heruitgave van *The Outsider* van 1978, is dat sommige mensen perfect tevreden zijn met wat ze hebben en dat anderen continu het gevoel hebben dat ze voor de gek gehouden worden; dat het leven ze verleidt met beloftes van seks, schoonheid en succes die nooit worden ingelost.[38]

Ook buitenstaanders zijn er in soorten. Wilson bespreekt de emotionele buitenstaander die teveel voelt in de persoon van Vincent van Gogh, de fysieke buitenstaander die dronken raakt van zijn eigen vitaliteit in de persoon van de danser Vaslav Nijinsky, en de intellectuele buitenstaander, de buitenstaander die niet kan stoppen met denken, in de persoon van T.E. Lawrence. Stuk voor stuk zijn ze onevenwichtig, balancerend op de grens tussen gek en geniaal. Hoe dan ook voelen ze zich afgesneden van de rest.

Bubers visie op gemeenschap is in wezen optimistisch. Het kan verkeren, relaties kunnen surrogaat worden en geborgenheden vals blijken, maar dan zijn we ver afgedwaald van ons aangeboren Gij. De buitenstaander gelooft niet in een aangeboren Gij. Mensen worden geboren als defecte radio's. Voordat ze kunnen functioneren, moeten ze eerst zichzelf repareren. Alle buitenstaanders, stelt Wilson, hebben een eigen versie van de mythe van de val, maar of mensen nu als halffabricaat of met een draadje los geboren worden, in slaap gesust zijn of onder hypnose gebracht, de uitgangssituatie is verre van ideaal.

Het beeld dat buitenstaanders van de beschaving hebben is die van een gevangenis waar ze uit moeten zien te breken, of van een schijnwereld waaruit ze moeten ontwaken. Wij-zeggen is voor hen uiterst problematisch. In die zin is hun confictie een anti-confictie. Hoed je voor de kuddegeest, de conventie, het schijnbaar vanzelfsprekende.

Loesje heeft wel wat met buitenstaanders. Op sommige posters heeft ze ook zelf iets van een buitenstaander: 'Jezus wat leven we toch in een kantoortuin jongens' (Loesje 1992); 'Als u ze allemaal op een rijtje hebt. Pas op voor het dominoeffect'; en vooral: 'leven is meervoud van lef'.

De buitenstaander heeft geen 'samen' als doel, hooguit als mogelijke, niet geheel uit te sluiten, uitkomst van navolging. Embryonale profeten, noemt Wilson ze, die intensiteit van leven verkiezen boven fysieke zekerheden. Het streven is gericht op Meer Werkelijkheid, Meer Zijn. 'Just do it, free your minds, let's make things better, live life to the max' (Loesje 1996).

In het streven naar meer werkelijkheid ligt een overeenkomst met Buber. Ook in de afwijzing van noties van identiteit, persoonlijke of collectieve, als blokkades op de weg naar Meer (samen) Zijn, ligt een overeenkomst. En dus een groot verschil met de gedroomde samenleving die Schinkel bekritiseert en die Manguel propageert in zijn *Stad van woorden*. Idealen zijn niet verboden, als ze maar op de tweede plaats komen. Dat geldt ook voor sociaal idealisme.

Wilson noemt *Rasselas, Prince of Abyssinia* van Samuel Johnson, gepubliceerd in 1759, de eerste moderne parabel van een buitenstaander. De prins leeft in een sociaal utopia, de Gelukkige Vallei. Daar loopt het leven op rolletjes en is iedereen veroordeeld tot eindeloze pleziertjes, die de paar mensen die de hersens hebben om zelf te denken devitaliseren. De verveling en ergernis lopen hoog op bij de prins en brengen hem tot de uitspraak: 'Het heeft mij altijd geleken dat de mens een zesde zintuig moet hebben, of een vermogen los van waarneming, dat bevredigd moet worden om compleet gelukkig te worden'. Hij ontvlucht de Gelukkige Vallei en komt terecht in de wereld van de domme feiten, om tot de conclusie te komen dat hij helemaal niet gelukkig wil zijn: 'I don't want to be happy; I want to be alive and active'.[39]

Waar Buber zijn speren richt op de spiritualiteit, moet bij Wilson vooral het humanisme het ontgelden. Een vorm van geestelijke luiheid noemt hij het. Humanisme ontkent zijns inziens dat er problemen zijn die een menselijke oplossing te boven gaan. Het pessimisme van de buitenstaanders dat 'discounts the humanistic ideals of man rising on stepping stones of dead selves to higher things, etc' kan bij hem op meer waardering rekenen. Keer op keer komt hij erop terug en uiteindelijk komt hij er op uit dat de waarden van de buitenstaander in feite religieuze waarden zijn die het beste geartikuleerd worden in een religieus vocabulaire. Religie gaat over vrijheid en hoe je die kunt bereiken:

> *In Hindu and Buddhist scriptures the word 'bondage' is the equivalent of the word 'sin' in the Christian, or at least bondage is regarded as an absolute and inevitable consequence of sin. The necessary basis for religion is the belief that freedom can be attained.*

Het probleem van de buitenstaander is volgens Wilson het probleem van vrijheid. Vrijheid in de zin van wilsintensiteit. Je wordt een buitenstaander omdat het besef niet vrij te zijn gaat schuren. Een gevoel van onwerkelijkheid tast je gevoel van vrijheid aan. Het is namelijk even onmogelijk om in vrijheid te handelen in een onwerkelijke wereld als het is om te springen terwijl je valt. Daar raken vrijheid en werkelijkheid elkaar, en het religiebegrip van Wilson (vrijheid) dat van Buber (werkelijkheid).

Wilson redeneert als volgt: vrijheid veronderstelt vrije wil. En vrije wil veronderstelt een motief. Geen wil zonder motief. En motief is een kwestie van geloof. Waarom zou je iets willen als je niet geloofde dat het mogelijk is? En van betekenis? Geloof moet dus geloof zijn in het bestaan van iets. Het moet slaan op wat werkelijk is. Vrijheid is dus afhankelijk van werkelijkheid. Geen vrijheid zonder vrije wil, geen wil zonder motief, geen motief zonder geloof, geloof de werkelijkheid te kunnen raken. En daarmee het gevoel van onwerkelijkheid te kunnen doorbreken.

Als het je ontbreekt aan motief ben je onvrij. Je gaat iets doen om iets te doen. Om maar in beweging te blijven. En dat is wat buitenstaanders zo verachten aan de beschaving, dat ze grotendeels een zaak is van overbodigheden. De meeste mensen leven niet. Ze laten zich leven. Ze stellen doelen en zoeken daar de middelen bij en blijven zo lekker bezig. Als buitenstaander doe je het daar niet voor. Vrijheid is kunnen doen wat je voelt dat je moet doen. Dat is de paradox van de vrijheid, dat je zo meegesleept wordt dat je het ultieme gevoel hebt te doen wat je moet doen. Als je niet het gevoel hebt dat jij de uitgelezen persoon bent om iets te doen, dan kun je beter niets doen. Niets doen is beter dan iets banaals middelmatig te doen, iets doen wat een ander al beter gedaan heeft. Of je inspannen voor iets overbodigs. Vrijheid is ook de vrijheid om niets te doen. Loesje ontbreekt het niet aan motief. En ze kent de vrijheid van het nietsdoen: 'Dit kabinetsbeleid levert gelukkig niet meer werk op'; 'Lente, niks moet, niksen mag'; en 'Zo de laatste twee jaar van deze eeuw neem ik eens vrij' (Loesje 1998)

De kunst van het citeren

In *Taal is zeg maar echt mijn ding* signaleert Paulien Cornelissen dat we in het ik-tijdperk behoefte hebben aan 'wij': 'Wij' is nodig voor de sociale cohesie en voor lotsverbondenheid en voor allerlei gezonde projecten in de open natuur.'[40] En dan komt ze met een prachtige opsomming van 'de vijftien foutste vormen van wij'.

Wij-zeggen in het ik-tijdperk. Het kan heel fout en het kan heel aardig. Het kan in ieder geval op veel manieren. Ik heb hier vier vormen van wij-zeggen geschetst die je zou kunnen typeren aan de hand van de bijpassende stijl van citeren. Het 'vanzelf' sprekende wij van de samenleving is, zoals Willem Schinkel signaleert, een citaat. Een zich repeterende reeks van 'zo zijn wij/wij zijn zo'-zinnen. Een manier van citeren die neerkomt op het 'Alles wat ik drie keer zeg is waar' van Lewis Carroll in *Alice in Wonderland*. Het culturele wij van Alberto Manguels *Stad van Woorden* zou je kunnen typeren met de door hemzelf aangehaalde uitspraak van Aeschylus: 'Alle orakels spreken Grieks, maar alle even duister'. Hoe complexer, hoe beter. De ruimte die vigerende verhalen geven aan meerdere interpretaties moet garant staan voor de ruimte die een samenleving biedt aan mensen die anders zijn.

Het culturele wij en het gewone wij zijn allebei identiteitsconstructies. Citeren is een daad van identiteitsvorming en daarmee van groepsvorming. Of die identiteiten nu eenduidig of meerduidig zijn en of die groepen nu 'vast' zijn of open. Iemands woorden aanhalen is iemand aanhalen. En jezelf plaatsen. Het is het creëren van referentiepunten, of die nu gevormd worden door oneliners of door verhalen.

Dat wij-zeggen roept tegenstemmen op. Meer leven, meer werkelijkheid, niet meer geschreven en ongeschreven woorden. Loesje: 'Ik ging even achter de tv kijken of het allemaal wel klopte.' In de taal van Buber: meer mensen van vlees en bloed, tot wie je waarachtig Gij zegt. Het wij dat daarin ontstaat is echt en intensief, maar discontinu. Ondanks zijn enorme belezenheid, blijkend uit treffende parafraseringen van de grote theologen en filosofen van zijn generatie, is Buber uiterst spaarzaam met citeren. Ik vermoed omdat hij zijn relatie met de lezer zo open mogelijk wil houden.

Wilson citeert daarentegen weer bij het leven. In het streven naar meer werkelijkheid ligt een overeenkomst met Buber. Ook in de afwijzing van noties van identiteit, persoonlijke of collectieve, als blokkades op de weg naar Meer (samen) Zijn, ligt een overeenkomst. Waarom citeert hij dan zoveel, meer nog dan Manguel? Ik vermoed omdat hij zich evenmin als zijn helden thuis voelt in het triviale en onheroïsche van de wereld. Mensen die aan zijn normen van Echt Leven voldoen zijn er niet veel. Die kom je op het spoor door te lezen. Fictie maar vooral ook non-fictie.

Loesje is van alle markten thuis. Haar sterkste kant is de prettige verstoring van het alledaagse wij, met wat ze aan alle kanten opvangt. Manguel heeft het over een stad van woorden. Loesje brengt de woorden op straat, waardoor ze vanzelf gedeeld worden. Simpel. Net als haar teksten, simpel maar niet simplistisch. Het knappe van de Loesje-teksten is dat ze, in al hun eenvoud, op een vrolijkmakende wijze platitudes doorbreken. En wij/zij-tegenstellingen.

Sinds 2006 geeft Loesje ook een tijdschrift uit, *Masta*, een internationaal tijdschrift voor creatief activisme. Het vierde nummer, *Identify this,* gaat over identiteit in de dubbele betekenis van 'unieke individualiteit' en 'identiek zijn aan anderen', over het (niet) horen bij een groep. Er staan stukken in over hoe je vingerafdrukken kunt hacken, hoe je identiteiten slim kunt combineren en hoe je ze kunt virtualiseren op sites als MySpace. Hoe je identiteiten kunt stelen en hoe je ze kunt kwijtraken. *Lose your identity*: een gezelschapsspel. Het heen en weer gaan in dit nummer tussen verbeelding en relativering, tussen het bouwen van een identiteit en het weer los laten daarvan, is typisch voor Loesje, en voorbeeldig voor elke samenleving. 'God in de hemel, Loesje op aarde.'

Masta is Servokroatisch voor 'verbeelding'. Maar geschreven als *ma sta* betekent het 'wat dan ook'. Loesje staat overal voor open. Loesje citeert niet, Loesje maakt citaten. Aan de andere kant, je kunt met evenveel recht zeggen dat Loesje een meester is in de kunst van het citeren. De citaten die Loesje maakt zijn van Loesje, maar Loesje is gemaakt van citaten. Loesje claimt niet origineel te zijn, ze slokt alleen haar bronnen op. En kopieert zo de samenleving. Ze claimt de identiteit 'samenleving' en breekt haar open: 'Laten we ophouden met integreren en beginnen met samenleven.'

Theater als wij-water: gemeenschap en liturgie bij de Bloeiende Maagden

Kees de Groot

> *Het moet nu maar eens afgelopen zijn met al die vergooide zondagen van lamlendige zelfkastijding, zonder enig bevredigend geestelijk resultaat. Daarom verzorgen De Bloeiende Maagden voor u de Hoogmis waarnaar u al uw hele leven verlangt, maar [die u] nooit heeft gekregen. Een liturgie waarin alles mogelijk is. Alle sacramenten voor de prijs van 1!*
> Persbericht De Bloeiende Maagden – Donkey God en het Bonus-sacrament

Festival Boulevard te 's-Hertogenbosch, 17 augustus 2008. Het is tien voor negen. Een paar honderd bezoekers staan voor de deuren van de Orangerie, voorheen St.-Josephkerk, te wachten tot ze naar binnen mogen voor de voorstelling 'Donkey God en het Bonus-sacrament' van het duo De Bloeiende Maagden.[41] Drie jaar eerder had ik de dames op dit zomerfestival zien optreden samen met mimeduo Bambie. Een absurdistische voorstelling in een kleine ruimte met enkele tientallen bezoekers. Ik bewaar er twee herinneringen aan: een hilarische monoloog over campingreglementen en een beeld van een gehelmde actrice, gekleed in enkel een luier, die als een kerel op het toneel staat en langdurig ongegeneerd aan haar rechtertepel plukt. Geen voorstelling voor een groot publiek. Ik weet dat ze eerder een controversiële, maar goed ontvangen voorstelling met de titel 'I.N.R.I.' hebben gespeeld (de titel is een verwijzing naar de tekst die aan het kruis van Jezus zou hebben gehangen), waarin de verhouding tussen God de Vader en Zijn Zoon aan de orde kwam. Maar die voorstelling had ik gemist. Nu had ik nog net kaartjes kunnen kopen voor hun laatste voorstelling van deze festivalweek.

Een straatmuzikant speelt 'We shall overcome'. Later blijkt dat hij ingehuurd is. Hard gefluit op de vingers. Gestoken in witte pakken staan de twee Maagden bij ons voor de poort en leggen uit (aanhef: 'Gemeente!') wat we moeten doen wanneer we binnengaan: we treffen aan weerszijden bekertjes water aan waarmee we de linker- en rechterwang moeten spoelen. Er mag gegorgeld worden, maar: 'Niet doorslikken!' Het water dienen we uit te spugen in de gereedstaande bakken en het bekertje mee te nemen. De dames blijven er zelf bijstaan en geven af en toe commentaar. 'Heel bedachtzaam', krijg ik te horen op mijn gespoel, gegorgel en gespuug. De toon is gezet: dit wordt geen voorstelling om lui bij achterover te leunen.

De ruimte die we betreden is een neogotische kerk, nog duidelijk als zodanig herkenbaar, al is het gebouw niet meer als kerk in gebruik. Ik ben er 's avonds een keer langsgelopen toen er een *gothic party* gaande was, en zelf had ik er eens deelgenomen aan een personeelsdag. Stoelen staan nu in tribune-opstelling. Op elke stoel ligt een 'misboek', een orde van dienst op een dubbelgevouwen A4-tje met daarin twee blanco velletjes. Een pen is meegeleverd. Boven onze hoofden: bogen met elektrisch verlichte kaarsen. We worden gevraagd lekker vooraan te gaan zitten, omdat het niet uitverkocht zou zijn. Later blijkt de kerk vol te zitten.

Er klinkt spel van het orgel, rechts op het voormalige priesterkoor. Op twee tafels, ongeveer waar normaliter het altaar zou zijn, staan drie kandelaars waarvan de kaarsen worden aangestoken door drie figuren in witte koorgewaden. Vier stoelen staan op een rij ervoor en haaks erop, links, staan er nog drie; twee piëdestals staan halverwege. Er hangt een bel. De Maagden komen op van achter uit de kerk met de twee bokalen uitgespuugd water in hun armen en zetten die op twee voetstukken. Of we op willen staan. En weer willen gaan zitten. Ik moet glimlachen. Het spel van gaan zitten, staan en knielen is misschien wel het meest ondoorgrondelijke ritueel van de kerkgang. Als kind heb ik grote moeite gedaan om er achter te komen op welk moment het nu precies de bedoeling was om wat te gaan doen. Dat weten geeft het prettige gevoel te weten dat je 't goed doet. Per kerk kunnen de gewoontes verschillen. Ga je staan, terwijl dat (nog) niet de bedoeling is, dan voelt dat zeer ongemakkelijk. Hoeveel te vroeg, is dan de vraag. Loont het de moeite om weer te gaan zitten, of kun je beter even wachten tot de anderen ook gaan staan? Ik ben er daarom altijd vóór geweest om deze regieaanwijzingen erbij te leveren, opdat iedereen die aanwezig is mee kan doen en niet alleen degenen die ingewijd zijn. Hier wordt mijn wens ingewilligd. Dat ik daarmee de specifieke *incrowd*-ervaring moet missen, neem ik graag voor lief.

Eén der voorgangers, mejuffrouw Minou Bosua, heet ons welkom: 'Fijn dat u er bent, na wat er van de week allemaal weer gebeurd is.' Ze doet ook enkele huishoudelijke mededelingen: dat de kerktelefoon meeluistert (en dat dat ook de enige telefoon mag zijn die het nu doet), dank aan koster Jan die vanochtend al begonnen is met het aansteken van alle kaarsen, en: er staat een foutje in het misboekje: 'Vering van de tafel'. Dat moet natuurlijk 'Viering van de tafel' zijn. Dan zijn we even stil voor alle mensen die er niet zijn. Ons wordt een fijne dienst gewenst. Ja, die zalige knulligheid van de kerkdienst, waarin gewone, goedbedoelende mensen serieus en oprecht iets plechtigs doen, elke keer weer. De toespelingen hierop vertederen me.

Het meerstemmig gospelkoor, tevens 'dienaars', zingt een openingslied. De tweede voorganger, mejuffrouw Ingrid Wender, gaat in gebed. 'Wees gegroet Maria...' Een gebed om hemelse aandacht. Er ligt al wel een kindje aan haar borst, 'maar als die een eindje opschuift, kan er aan de andere kant toch nog wel eentje bij?' We moeten voorbij alle schroom. Er is geen goed en kwaad. Zonde is een term uit de boogschutkunst: 'Doel gemist. Niet in de roos. Niet in het hart.' Ik sta versteld, dat is precies zoals die oude jeugdouderling mij ooit vertelde dat hij het aan de kinderen op de zondagsschool uitlegde. Volgens mij menen zij het evenzeer als hij.

Het publiek wordt gevraagd om met handopsteken te reageren op vragen naar gedrag: 'Wie heeft er wel eens gelogen? Een karbonade gegeten waarvan je weet dat het een varken uit de bio-industrie was? Wie heeft er wel eens gezegd: ik hou van jou terwijl je eigenlijk van die ander wil horen dat die ander van jou houdt? Wie gedaan alsof je klaarkwam?' Mejuffrouw Wender gaat hiermee nog even door. Ik moet denken aan de zogeheten boetevieringen die ik heb meegemaakt. Er was een speciaal misboekje voor met daarin stippeltjes op de plaats waar je je eigen zonden mocht invullen. Dat maakte grote indruk.

Mejuffrouw Bosua luidt de bel. 'Eerste passiespel'. Ze vraagt aan de ander ('Vriend') of die zich nooit aan haar ergert. Ze zegt van niet. Ze wordt virtueel – met mime en in woorden – aan martelpraktijken onderworpen. Van een tangetje aan de teennagel tot en met een ingebrachte eendebek. Dan geeft ze toe. Toch wel triest, dat ze dan pas eerlijk durft te zijn.... Deze schuldbelijdenis wordt ritueel afgesloten met een Engelstalige tekst (*What I did was focking bad*) die met gebaren wordt begeleid. Ik vermoed een parodie op *Landmark*-achtige sessies of een ander ritueel uit het schemergebied tussen religie, training en therapie.

Ter inleiding van de zogeheten 'gebedsoverdenking' leest mejuffrouw Wender over het gebed - dat dat niet met een omhaal van woorden moet geschieden. Ik ken die tekst: Mattheüs 6,6-7. We moeten weer staan. Het koor zingt op verhoogde toon de tekst die we moeten zeggen: 'En het schaap sprak tot de herder/ het ontbreekt mij aan iets.' Het gezamenlijk uitspreken van teksten, zo half en half door elkaar – voor mij is het vertrouwd, maar dat zal toch niet voor de meeste bezoekers gelden? Langzamerhand krijg ik het gevoel dat deze voorstelling speciaal voor mij is gemaakt: iemand die deze liturgische taal kent en van dit soort theater houdt.

Mensen met een minder kerkelijke achtergrond beleven de voorstelling vast anders.

Na de tussenzang volgt de preek. Mejuffrouw Wender neemt eerst abusievelijk plaats achter de microfoon, klimt, nee, er is een trappetje – rent de kansel op en is precies op tijd op de preekstoel voor de preek. Het antwoord op de vraag naar het kwaad in de wereld, daarover zal het gaan. We verbergen onze negatieve gevoelens voor de ander en voor elkaar. Deze komen er toch uit, richten zich op de voor de hand liggende slachtoffers, waardoor een 'gifwolk' ontstaat die naar het Midden-Oosten waait en daar voor veel ellende zorgt. Daarom moet het negatieve in ons erkend worden zodat het onschadelijk wordt gemaakt. 'Aan wie heb je een enorme hekel?' 'Over wie heb je laatst geroddeld?' We moeten weer onze handen opsteken. Wie zelfs de meest milde vorm van onbehoorlijke gevoelens niet bekent, wordt verloren verklaard. We moeten het eruit gooien, nu in deze ruimte waarin deze gevoelens 'geconverteerd' worden. Dan kunnen we daarna de persoon opbellen, of een kopje koffie met hem of haar gaan drinken. We zingen dus – met deze persoon in gedachte – het vloeklied: 'Glorie glorie halleluja, voor jou niks dan angst en depressivia/ ik wens je de kop van een neurotica/ en een ingeklapte long' (de 'zwangere' mezzosopraan krijgt nog even gauw een geluidsisolerend dekentje voor haar buik gebonden). Ik wist vrij snel aan wie ik het vloeklied moest richten. Wanneer ik hem sindsdien spreek, komt het vloeklied weer in me op. Dat maakt de verhoudingen iets meer ontspannen. Het heeft dus geholpen.

Op het vloeklied volgt de 'evangelielezing'. Ondertussen houdt Minou een projectiescherm op. De lezing is over de Japanner Masuro Emoto (met geslachtslijst), die een experiment heeft gehouden met water dat hij in negatieve, neutrale en positieve termen had toegesproken en dat hij vervolgens had bevroren. Het water met het label 'Ik hou van jou' leverde prachtige kristallen op. Maar het water met het label 'idioot' lelijke, ongeordende formaties. De lezing wordt een aansporing om ook zo te handelen naar elkaar, want 'we bestaan voor negentig (Minou: 'Zeventig!') procent uit water'. De rechter- en linkerbeuk worden gevraagd elkaar toe te spreken: 'Ik hou van jou', 'Dank je wel, ik ook van jou.' Door onze positieve woorden blijken de fluimen uit de bokalen water verdwenen! Voorgangers en koor drinken eruit. Twee wc-borstels komen te voorschijn waarmee de gemeente wordt gezegend. (Volgens de orde van dienst heet dit gedeelte 'de doop'.)

We worden uitgenodigd om iets op het eerste blanco velletje te schrijven. (Het tweede blanco A5-je wordt later gebruikt voor een 'moment van bezinning' waarbij de zinnen 'het fijne van geld is ...' en 'het vervelende van geld is ...' moeten worden afgemaakt, waarna het woord geld wordt vervangen door liefde.) Nu moeten we eerst onze naam noteren en dan – voorgezegd, op dicteersnelheid: 'als ik mijn ogen sluit dan zie ik ...' We krijgen drie minuten om die zin af te maken. 'Zelf nadenken!'

'Er staat nog niks', zegt mejuffrouw Wender tegen mij, wanneer ze even later langs loopt. Ik aarzel hoe eerlijk ik zal zijn, want wat gaat er met dat briefje gebeuren? Ik besluit schaamteloos te zijn. Even later worden de briefjes verzameld. Enkele worden, inderdaad, hardop voorgelezen – met naam en met het verzoek aan de gelukkige om de hand op te steken – eerst één voor één, dan enkele achter elkaar. Mijn naam wordt genoemd. Ik heb aan aandacht niet te klagen vanavond. Na het voorlezen van de wens vraagt mejuffrouw Wender de gemeente: 'Wilt u met hem/haar/hen wensen?' Gemeente: 'Nou en of!' 'Wilt u voor haar vragen?' 'Nou en of!' 'Ze komen: zachte dagen.' 'Nou en of!' De wensen zijn behoorlijk serieus: afvallen, geen honger in de wereld, eindeloze seks met een voluptueuze dame.

Na deze voorbeden worden de gaven ingezameld. Er wordt gecollecteerd, en de opbrengst (270 euro – het bonussacrament) gaat naar één van zeven willekeurig geselecteerde bezoekers. Het publiek bepaalt met gejuich wiens wens in vervulling mag gaan. Het spant uiteindelijk om een jongen die een Renault 4 wil kopen en een man die het geld voor een project in Sri Lanka wil bestemmen. De jongen wint, maar 'wil hij misschien niet het geld doneren aan een meisje met mismaakte benen dat hiermee een prothese zou kunnen krijgen?' Een pesterige vraag natuurlijk waarin dezelfde truc wordt uitgehaald als in het begin: eerst een setting voorbij goed en kwaad creëren en vervolgens toch een beroep doen op een gevestigde moraal waar de ander minstens bekend mee zal zijn. Nee, hij houdt het. 'En wat zou u gedaan hebben?' wordt aan de verliezers gevraagd. Hun antwoorden wisselen.

De tussenzang, 'Ik heb genoeg', maakt de overgang naar de v(i)ering van de tafel. De flessen wijn die intussen op de tafels zijn gezet worden door het gangpad naar achteren doorgegeven, en uitgeschonken in de meegebrachte plastic bekertjes. Met de armen in elkaar gehaakt drinken we die slok voor slok leeg, nadat telkens een wens wordt gezegd: de vredestoost. 'Wie weet niet wat absolutie is?' Het antwoord volgt direct: 'vergeving.' En die geven we elkaar, door onder andere de volgende regels mee te zeggen en te gebaren:

> *What you did was focking bad [...]*
> *But we're glad you said it*
> *Now you said it, you can let it*
> *Out of your heart, out of your brain*
> *You shout yourself out of pain [...]*
> *OEH!*
> *You're brave, you're good*
> *You're the best fellow of the neighbourhood*

Allen gaan staan voor de geloofsbelijdenis:

> *Vanaf vandaag, ik luister,*
> *Ik luister naar wat ik weet*
> *Vanaf vandaag, ik doe,*
> *Ik doe wat ik toch al liever deed*
> *Laat ons wensen, laat ons vragen*
> *Als ik mijn ogen sluit, zie ik zachte dagen*

En dan moet het allemaal goed komen, gelooft mejuffrouw Wender. Mejuffrouw Bosua betwijfelt dat zeer. Mejuffrouw Wender heft de jubelzang aan: 'Hebben we er zin in? (Ja!)' – en zet de polonaise in: 'We gaan nog niet naar huis.' Minou luidt de bel. In dit derde passiespel kibbelen de dames over de vooruitgang die geboekt zal worden na deze dienst. Het einde nadert. In een 'openbaring' zien de Maagden samen voor zich hoe duiven vreedzaam paren, als voorbeeld en hoop voor de mensheid. Het koor zingt een slotlied en wij verlaten de kerk. Mijn achterbuurman complimenteert me bij vertrek met mijn wens.

Verdeeldheid

Ik vond het een enerverende bijeenkomst. Op één of andere manier heerste er een persoonlijke, ontspannen sfeer. Met de taal van het geloof werd bepaald niet scrupuleus omgegaan, maar toch was de aanpak bovenal fijngevoelig. Ergernissen en verlangens werden op een lichtvoetige manier opgenomen in een beweging die mij de indruk gaf dat wij, acteurs en publiek, even met elkaar verbonden waren. En dat dan niet omdat dat de bedoeling was, maar doordat we ieder voor zich met bezinning op ons eigen leven bezig waren geweest. En ik verbeeldde me dat ik niet de enige was. Het Brabantse theaterpubliek reageerde met een mengeling van hilariteit, serieuze toewijding en lichte gêne.

Enkele maanden ontstond er echter enig rumoer rond deze voorstelling. Na de eerste *special edition* was de voorstelling op tournee gegaan in de gebruikelijke theaterzalen, waardoor de voorstelling zoals ik die zag had moeten worden aangepast.[42] In een schouwburg zijn mensen er immers minder gemakkelijk toe te brengen zich als kerkgangers te beschouwen. Met name in orthodox-protestantse kringen rees verzet. Tegen de komst van deze voorstelling is geprotesteerd door de ChristenUnie te Naaldwijk (met zeven protestantse kerken in het Westland),[43] Stadskanaal, en Haarlemmermeer,[44] al dan niet vanuit een lokaal samenwerkingsverband met de SGP. In een uitzending van *Eén Vandaag* (2 december 2008) werd de fractievoorzitter van de ChristenUnie te Stadskanaal gefilmd, terwijl hij zichtbaar *not amused* de voorstelling bijwoonde en voortijdig verliet. In het erop volgende kleedkamergesprek met Ingrid Wender kwamen de twee niet nader tot elkaar. Ook in *Nederlands Dagblad*[45] en *Trouw*[46] is aandacht aan de controverse besteed.

Ten onrechte stellen de gegriefden het zo voor alsof het de Maagden erom te doen is om orthodoxe christenen te provoceren. De performers lijken echter serieus moreel en religieus geëngageerd.[47] Dat komt niet alleen naar voren uit de voorstelling zelf, maar ook uit interviews die zij hebben afgegeven.[48] De Bloeiende Maagden verzorgden in 2005 en 2006 filmpjes voor het IKON-programma Alziend Oog. Anderzijds hebben zij bij een deel van de bevolking een blasfemische reputatie vanwege de voorstellingen 'I.N.R.I.' en 'Vergeef ze, ze weten niet wat ze doen', of een pornografische vanwege de voorstelling 'Lege maag'. In ieder geval plegen ze vrijmoedig om te gaan, zowel met religieuze thema's en symboliek als met het eigen naakte lijf.

Alleen al het aankondigingsaffiche blijkt aanstoot te hebben gegeven, met name de combinatie van de woorden 'Donkey God', 'Bonus-sacrament' en de (weliswaar kuise) afbeelding van de twee ongeklede vrouwen met aangeplakte snorren tegen de achtergrond van windmolens. Natuurlijk wordt hier in de eerste plaats verwezen naar Don Quichot. Met de uiteindelijke voorstelling heeft dit niet eens zoveel te maken: noch de ridder met het droeve gelaat, noch God figureren er in, en Hij wordt evenmin voorgesteld als een ezel (noch als een besnorde vrouw). Niettemin kan men tegen de poster gekant zijn, ongeveer zoals senator Hendrik Algra dat was tegen de brief van Gerard van het Reve waarin deze inderdaad God voorstelde als een (begeerlijke) ezel. In de discussie hierover is destijds gebleken dat de beschrijving van dit visioen aan reformatorische zijde zowel werd geprezen als gelaakt, terwijl er aan roomskatholieke zijde vooral waardering was.[49] Kennelijk verschillen christenen onderling van mening over de mate van vrijheid in het verbeelden van het heilige.

Wat waarschijnlijk meespeelt, is een meer algemeen verschil in vertrouwdheid met en waardering van de vormtaal van (modern) theater, vergelijkbaar met het verschil in appreciatie van de ironisch-mystieke taal van Van het Reve. In het theater kan de verbeelding van verwerpelijk, vervreemdend, en choquerend gedrag een plaats hebben binnen de (impliciete) afspraken tussen uitvoerende en toeschouwer. Van de kant van de toeschouwer wordt verwacht dat deze vertrouwen schenkt aan de uitvoerende. Wanneer dit ontbreekt (bijvoorbeeld omdat ze erop uit zijn om God te lasteren) vindt er geen communicatie plaats, en wanneer dit vertrouwen beschaamd wordt (de cabaretier wordt ergerlijk handtastelijk of gaat bezoekers uitschelden) eindigt de communicatie. Ik vermoed dat sommigen in dit geval niet van goede bedoelingen willen uitgaan. Dan komt van een gemeenschappelijke ervaring inderdaad weinig meer terecht.

Wordt het heilige hier bespot? Kan dat en mag dat, is dan de onderliggende vraag. Wat mij betreft is er juist vanuit christelijk perspectief niet zo snel sprake van blasfemie. Het is altijd iemands perceptie van het heilige die wordt bespot.[50] Dat kan onaangenaam zijn, maar gelovigen en anderen tegelijk verder helpen in het heiligen van Zijn naam, het laten komen van Zijn koninkrijk. In mijn optiek staat het christelijk geloof voor de afbraak van godsbeelden, de relativering van menselijke constructies, de erkenning van ons niet-weten en het vertrouwen dat de wereld, ondanks alles, door liefde wordt gedragen. 'Godslastering' is een verwijt dat bijbelse figuren al ten deel viel, van Job tot en met Jezus en zijn volgelingen. De laatsten werden overigens zowel door de gevestigde Joodse als de Romeinse orde voor godslasteraars uitgemaakt. Als af te geven kwalificatie is de categorie uiterst problematisch, wat geen vrijbrief is voor een lompe omgang met wat als heilig wordt beschouwd.

Beledigden gaan echter vaak te weinig in op de inhoud van de (veronderstelde) spotternij. Ook in dit geval bleven de protesten beperkt tot algemeenheden. Dergelijke protesten worden vervolgens vaak gemakkelijk veroordeeld met een algemeen beroep op verdraagzaamheid, terwijl een specifieke verdediging van de (veronderstelde) spotternij veel meer zou kunnen opleveren. Bosua en

Wender zijn in interviews wèl inhoudelijk op de protesten ingegaan. Op het theaterfestival vertelden ze een vrolijk alternatief voor een kerkdienst te willen bieden, vanuit een gedeelde betrokkenheid op God.

> *Interviewer Theo Verbruggen: 'Wat is belangrijker? God of theater?*
> *Maagden: 'God.'*
> *Interviewer: 'Je zou toch verwachten ... als theatermaker, dat er niets boven theater gaat.'*
> *Maagden: 'Zonder God geen theater.'*

Uit de discussie komt naar voren dat sommige gelovigen aanstoot nemen aan de gebruikte vormtaal, al ligt de liefdesboodschap van het duo niet ver af van wat de kerken verkondigen. En voor dit onbehagen is vanuit liturgisch oogpunt wel iets te zeggen. In de liturgie wordt het lezen van *deze* tekst, de omgang met *dit* beeld, het uitvoeren van *deze* handeling geconserveerd en gecultiveerd, vanuit het vertrouwen dat hierin waarheid is te vinden. Deze handelingen laden met andere betekenissen, of alleen al: verrichten in een andere context, kan worden ervaren als verontreiniging. De Bloeiende Maagden maken een potpourri van de vormen van de Roomse hoogmis, de (televisie-)evangelisatiedienst en wellicht ook van therapeutisch-spirituele bijeenkomsten. Binnen die vorm verkondigen ze hun boodschap van liefde. En met die vorm wordt het dogmatische van die leer gelijk weer gerelativeerd. Voor mij is er uiteindelijk geen sprake van blasfemie, maar, integendeel, van een op waarde te schatten impuls tot kerkvernieuwing. Maar waar vanuit één perspectief sacralisering wordt gezien, kan vanuit een ander perspectief desacralisering worden waargenomen.

Kerk spelen in het theater en theater spelen in de kerk

Het *format* van de kerkdienst blijkt zich te lenen voor een theatervoorstelling die door de ludieke aanpak heen ruimte bood aan een behoorlijk serieuze omgang met geloof, moraal en gemeenschap.

Gekscherend wordt een spirituele gemeenschapsbeleving aangeboden, onder verwijzing naar een traditie waarvan niet verwacht wordt dat die zelf de ervaren leemte kan vullen.

Er zijn meer van dit soort initiatieven geweest. Freek de Jonge parodieerde een kerkdienst (in 2006 uitgezonden door de IKON), zonder veel werk te maken van de participatie door het publiek.[51] In enkele onderdelen werd wel gespeeld met het idee werkelijk in een religieuze bijeenkomst te zijn. In de voorstelling van De Bloeiende Maagden vervloeien de grenzen tussen een echte kerkdienst en hilarisch theater nog meer. Door de ruime publieksparticipatie, het gebruik van een voormalig kerkgebouw en het aanspreken van reële verlangens en schuldgevoelens – weliswaar met ruimte voor *fake* – ontstond onder het gemakkelijk bereidwillig gemaakte publiek een tijdelijke beleving van gemeenschap. Afgaande op de ingediende en voorgelezen wensen en de publieksparticipatie gedurende de hele voorstelling, legde men door alle spotternij en parodie heen het eigen leven onder de loep. Vergeving, zegening, vredeswens, vloek- en jubelzang en het uitspreken van geloof en vertrouwen kregen een plaats in het moderne arsenaal aan theatervormen.

Het theater heeft zich, onder meer vanuit zijn oorsprong in de kerken, ontwikkeld tot een cultuurfenomeen met eigen taal en eigen codes. Terwijl kerkdiensten min of meer verbonden kunnen zijn met een specifieke gemeenschap met vaste gebruiken en geloofsovertuigingen, staat het theater open voor een wijder publiek, in principe van alle gezindten. Daarbinnen heerst een grote mate van vrijheid, ook om religieuze vormen van allerlei herkomst in te zetten. Terwijl kerken gebonden zijn aan een specifiek credo, telt in het theater enkel de geloofwaardigheid van het moment. Vanuit deze overheersende code van het spel kan dan vervolgens ook geput worden uit een religieus-ritueel repertoire dat niet meer als waarheid wordt aanvaard, maar nog wel bij uitstek verwijst naar het oude ideaal van de bezielende gemeenschap.

Omgekeerd kunnen kerken zich uitgenodigd voelen om hun voordeel te doen met de lessen die het hedendaagse theater leert. En in feite gebeurt dat ook, her en der.[52] In de Amsterdamse Dominicuskerk worden in 2010 op de eerste maandag van de maand Sireneavonden gehouden, kerkdiensten waarin pastor Juut Meijer samenwerkt met Bloeiende Maagd Minou Bosua en Patrick Nederkoorn, koorlid en dienaar tijdens de Donkey God-tournee. Bij de eerste Sirenedienst keerden enkele elementen uit deze voorstelling terug (het gewetensonderzoek, de wensencollecte en het slotvisioen), nu dus binnen een echte kerkdienst! Ook elders werken theatermakers en verhalenvertellers aan kerkdiensten mee en worden voorgangers geschoold in hun performance. De theatrale waarde van de liturgie (spel en tegenspel, klank en licht, geur en gebaar, beweging en verstilling) wordt herontdekt en uitgebreid. Deze initiatieven kunnen helpen de eigen traditie van *ars celebrandi* (de kunst van het vieren) te herwaarderen en te verrijken, waar een te grote aandacht voor het cerebrale en het serieuze het onontbeerlijk speelse karakter van de liturgie dreigt te verdringen. Een voorstelling als deze in het bijzonder houdt een vervormende spiegel voor waarin mensen uit de kerkelijke wereld de rijkdom, het aandoenlijke, vreemde en gemeenschapstichtende van hun religieuze en spirituele erfgoed kunnen zien.

De openbare boetedoening en de inzameling van gaven en wensen uit deze voorstelling laten zien dat christelijke geloofsinhouden en rituelen vormen kunnen worden ingezet in een speelse en interactieve dynamiek. Een opvallende les is te trekken uit de ontwapenende rituelen die het consumptiegedrag van de bezoeker (c.q. kerkganger) doorbreken. We zien hierbij een groot belang van de inzet van eenvoudige theatrale middelen, waaronder niet in de laatste plaats de communicatieve en muzikale kwaliteiten van de performers die de theaterbezoekers betrekkelijk onbekommerd over hun schroom doen heenstappen. In die zin geldt ook hier dat de persoon van de voorganger het verschil maakt. Tegenover een moderne tendens om voorgangers te behandelen als functionarissen in dienst van kerkelijk beleid nodigt deze praktijk ertoe uit om voorgangers ook te zien als artiesten met een te ontwikkelen eigen stijl.

Zowel het theater (als geprofessionaliseerde kunstbeoefening) als de kerkdienst (als geformaliseerde plechtigheid) zijn op afstand komen te staan van de spelende mens. In deze casus worden beide vormen opengebroken en aangewend voor een bijeenkomst waarin het carnavaleske en het heilige bij elkaar komen in de setting van kerk en theater.

Nieuwe vormen van gemeenschap
Bij nader inzien lijkt de voorstelling misschien niet alleen in vorm op een kerkdienst, maar komt ze ook functioneel overeen met wat de klassieke Franse socioloog Émile Durkheim 'kerk' noemde.[53] In het Australische totemisme zag hij gemeenschap op elementaire wijze gestalte krijgen, waar de stam zich met zang, dans, spel rond de totem schaart en elkaar verhalen vertelt. De feitelijke onderlinge afhankelijkheden (in de jacht, de landbouw, de huwelijksmarkt, conflicten en de handel) worden daar op symbolische wijze beleefd, wat de deelnemers vervult met een kracht die uitstijgt boven de alledaagse werkelijkheid. In zijn eigen tijd en voor zijn eigen natie zag hij een equivalent in de viering van de Franse Revolutie op 14 juli. Opvallend genoeg putte ook hij dus uit een christelijk vocabulaire om de stichtende beleving van gemeenschap te benoemen. De Bloeiende Maagden verwijzen eveneens naar een religieus-ritueel repertoire. Weten zij in deze laatmoderne tijden door alle dubbele bodems heen zo'n soort van elementaire gemeenschap in het theater te creëren als waar Durkheim het over had?

Juist in het speelse ligt de mogelijke maatschappelijke waarde van het theater. In de moderniteit overheerst de omgang met de werkelijkheid zoals die wordt waargenomen, aldus de antropoloog Victor Turner in de jaren tachtig.[54] Voor de 'postmoderne wending' voorzag bij een terugkeer van het 'doen alsof' en het theater zou dan wel eens de plaats kunnen zijn waarin dat zou kunnen beginnen. Dat zou het geval zijn wanneer theater de deelname aan een belevenis wordt in plaats van het aanschouwen van een prestatie die door anderen wordt geleverd. Dan wordt theater een plaats voor ritueel.

Ik vermoed dat dit op diverse plaatsen aan de hand is en niet alleen in het theater. Onderzoeker van het Sociaal en Cultureel Planbureau Joep de Hart schetst de vorming van dit soort tijdelijke gemeenschappen rond de begrafenis van Pim Fortuyn, de dood van André Hazes, koninklijke huwelijken en voetbalkampioenschappen. Hier vindt iets van een collectieve beleving plaats, waarbij het de vraag is of het slechts een oppervlakkige roes betreft of een verder en dieper gaande beleving die maatschappelijk relevant is. Niet bij elke emotioneel beladen collectieve bijeenkomst reikt de gemeenschapsbeleving zo ver, dat gesproken kan worden van wat Turner *communitas* noemt: de directe, onmiddellijke en totale confrontatie van menselijke identiteiten die ervoor zorgt dat de mensheid ervaren wordt als één homogene, ongestructureerde en vrije gemeenschap. Wellicht, zo vroeg De Hart zich af, wordt op deze wijze het proces van individualisering gecompenseerd.[55]

Mensen ervaren een verlies aan gemeenschap en bezieling, zo gaat het verhaal. Deze beleving van verlies is verbonden aan de teloorgang van oude vormen van wij: van klasseverbanden, gezindtes, hechte lokale samenlevingen. Bij nader inzien is er echter eerder sprake van *veranderingen* van vormen van gemeenschap dan van *verlies*: er ontstaan immers ook nieuwe bindingen. Verlies van gemeenschap, ofwel individualisering, kan in zijn algemeenheid niet worden aangetoond. Mensen voelen zich immers nog steeds verwant aan elkaar, bijvoorbeeld op grond van levensstijl en morele opvattingen. Het gaat daarbij wel om een ander type gemeenschap, dat minder plaatsgebonden is. Mensen verbinden zich bijvoorbeeld rond maatschappelijke kwesties zoals het milieu. Op internet vormen zich *communities* die zich ook daarbuiten manifesteren, zoals de 'reaguurders' van GeenStijl die sinds kort over een eigen omroep (PowNed) op de publieke zenders beschikken. Er ontstaan virtuele gemeenschappen die behoorlijk reële uitwerkingen kunnen hebben.

De nieuwe vormen van gemeenschap lijken minder allesomvattend te zijn, en daarmee ook meer ruimte te bieden voor diversiteit. Ze worden minder gekenmerkt door een onderschikking onder een autoriteit en meer door een betrokkenheid op een bepaalde kwestie. Socioloog Kees Schuyt spreekt in het essay 'Waar is de gemeenschap gebleven?' van een verschuiving van gesloten naar perspectivische gemeenschappen, van gelijkschakelende gemeenschappen naar gemeenschappen die zijn gebaseerd op de dialoog tussen de leden.[56] Zij brengen verschillende perspectieven naar voren op de werkelijkheid en op de gemeenschap zelf.

Het beeld bij uitstek van de teloorgegane gemeenschap is het (traditioneel-moderne) gezin: de saamhorige, vanzelfsprekende band tussen 'je eigen mensen' waar je dagelijks mee verkeert. (Aan het mogelijk beklemmende en buitensluitende karakter van het gezin wordt dan even niet gedacht.) Het kernwoord hier is *gelijkheid*. Als beeld van de zich nieuw vormende gemeenschap suggereert Schuyt het moderne toneel en het toneelgezelschap. In een theaterproductie wordt toegewerkt naar een gemeenschappelijke ervaring, die mogelijk ook de ervaring van gemeenschap teweeg brengt. Er ligt een plan aan ten grondslag, waar mensen vanuit allerlei verschillende rollen aan meewerken: als acteur, regisseur en publiek. Een gemeenschapservaring die bij een uitvoering ontstaat, is een gemeenschap op basis van *verschil*. Maar het is de vraag of Schuyt zo toch niet een te utopisch beeld van het nieuwe wij schetst.

Speels wij

In 'Donkey God en het Bonus-sacrament' wordt niet een nieuwe gemeenschap gevormd, maar worden ervaringen aangesproken die mensen gemeenschappelijk hebben, waardoor een gemeenschapservaring kan ontstaan. Het ging om verlangen naar goedheid, geborgenheid en liefde vanuit de ervaring dat die niet zomaar beschikbaar zijn, omdat we zelf de vervulling van dat verlangen in de weg staan, of omdat er andere beperkingen zijn. Het eigen gedrag werd praktisch en eigentijds bij de bezinning betrokken. Tegelijkertijd kreeg de morele dimensie niet de overhand op de religieuze. Door het vakkundig strippen en opnieuw aankleden van het kerkelijk-liturgisch bouwwerk kon deze mis haar werk doen: mensen bij zichzelf en bij elkaar brengen door hen buiten zichzelf te richten. Even doen alsof je deel uitmaakt van een gemeente, waar troost en vergeving is, waarin je gelooft dat wensen worden vervuld en de mensheid in vrede kan leven – dat is wat deze bijeenkomst naar mijn overtuiging bijzonder maakte.

De voorstelling vooronderstelt hierbij een morele gemeenschap die er kennelijk al is. Er wordt een beroep gedaan op een geweten, op een geïnternaliseerde moraal, die enkele grondregels kent waarover men het min of meer eens is: niet liegen, anderen (ook dieren) niet onnodig laten lijden, eerlijk zijn, uiteindelijk: elkaar liefhebben. In zoverre wordt er bij dit theaterpubliek dus, naar blijkt terecht, gerekend op homogeniteit. Er is een zekere eenheid, en daarbinnen zijn er verschillende rollen en kunnen er verschillende specifieke morele keuzes worden gemaakt, zoals blijkt uit de ingediende wensen. Mensen, deze mensen, zijn het misschien over meer eens dan we tevoren zouden denken.

Is hier het fenomeen van buitensluiting minder aanwezig dan bij traditioneel-moderne vormen van gemeenschap? Voor sommige mensen werkt de voorstelling vervreemdend. Vertrouwde religieuze voorstellingen worden uit hun context gelicht en opgenomen in een andere context. Dit procedé wordt ervaren als ontheiliging, roept heftige tegenspraak op en het dringende verzoek tot verbod. De gemeenschapservaring in het theater strekt zich dus in ieder geval niet eindeloos uit. Daarbij is het de vraag of het besef of vermoeden dat er mensen zijn die zich aan de theatrale provocaties storen, de beleving van gemeenschap voedt bij hen die zich wel aangesproken voelen. Enig gevoel van exclusiviteit lijkt niet te ontbreken.

Wat blijft staan is de constatering dat op uiteenlopende plaatsen gemeenschap wordt beleefd, diepgaand of oppervlakkig, lichamelijk-emotioneel of reflexief, vredig of gewelddadig. De kerkdienst/voorstelling die hier werd besproken thematiseert op humoristische wijze de ambivalentie die met deze vormen van wij verbonden is. Er wordt een 'wij' gevormd, maar tegelijkertijd wordt de waarde van dit 'wij' betwijfeld. We hunkeren naar gemeenschap en wantrouwen haar tegelijkertijd. We kunnen er daarom maar het beste vrolijk mee spelen.

De Suryoyo-gemeenschap in Nederland: impressies van een kennismaking

Kees den Biesen

Niemandsland

'Waar kom je eigenlijk vandaan?' De man praat graag en terwijl hij op patat met mayo en een berenhap wacht, probeert hij een gesprek te beginnen.
'Uit niemandsland.'
Even kijkt hij vreemd op. 'Wat bedoel je, uit niemandsland?'
Op het gezicht van de eigenaar van het cafetaria, een vriend van me, tekent zich een kleine glimlach af, maar ook een uitdrukking van vermoeidheid. 'Uit *niemandsland*, net wat ik zeg.'
Nog meer bevreemding. 'Wat, je komt toch ergens vandaan! Volgens mij kom jij uit het Midden-Oosten.'
'Nou Jacob, hij dringt nogal aan', meng ik me in het gesprek.
'O, je heet Jacob...' en ik hoor hem bijna denken, 'Nou, dat lijkt me geen Turkse of Marokkaanse naam.' Maar hij is tactvol en aardig, kijkt Jacob even aan, en begint dan over wat anders. Patat en berenhap komen er trouwens al aan en nieuwe klanten eveneens; het cafetaria ligt op een goede plek in Enschede en de omzet stijgt elke maand.

Jacob komt uit Tur 'Abdin, een streek in Zuidoost-Turkije, is lid van de Syrisch-orthodoxe Kerk, spreekt behalve Turoyo – het Neo-Aramese dialect van zijn geboorteland – ook Koerdisch, Turks en Arabisch, en behoort tot een staatloos volk van verdrukten en vervolgden die de afgelopen decennia over de hele wereld verstrooid zijn geraakt. Het verhaal van de Suryoye is lang en te gecompliceerd voor wie een ander het liefst met twee- of drielettergrepige woorden definieert. Ben je niet wit, dan ben je zwart; geen autochtoon, dan allochtoon. Allochtoon is Jacob zeker, maar op eigen kracht raakt de man niet verder. Had Jacob gezegd: 'Uit Turkije', dan was zijn antwoord geweest: 'O, dan ben je een Turk.' Hij weet dus niet dat er in Zuidoost-Turkije bijna geen Turken wonen, maar alleen Koerden.
'Een Koerd dus?'
'Nee, dat evenmin. Ik ben een *Suryoyo*.'
'Daar heb ik nog nooit van gehoord!'
Ik begrijp die vermoeide uitdrukking op Jacobs gezicht wel: alleen al de gedachte dat hij het lange verhaal voor de zoveelste maal moet vertellen, maakt hem moe. Dan maar liever 'uit niemandsland.'

Suryoye

Jacob behoort tot een van de oudste christelijke tradities ter wereld, de zogenaamde Syrische traditie die vertegenwoordigd wordt door een aantal nauw verwante oriëntaalse kerken.[57] De leden van deze kerken noemen zich van oudsher *Suryoyo* (enkelvoud) of *Suryoye* (meervoud)[58] en ook hun taal heet *Suryoyo*. Het is een Aramees dialect dat de christenen van Mesopotamië tot een verfijnde literaire en poëtische taal ontwikkelden, die in het Nederlands 'Syrisch' wordt genoemd. Het klassieke Syrisch wordt tegenwoordig alleen in de liturgie gebruikt, terwijl Turoyo als omgangtaal wordt gebezigd.

Ik loop vaker bij Jacob binnen. Hij is lid van de Syrisch-orthodoxe Kerk en ik ken hem al een tijdje, zo ongeveer sinds ik zelf lid werd van die kerk. Als iemand mij vraagt waar *ik* vandaan kom en ik zeg 'Uit Maastricht', dan is dat meestal wel even voldoende. Mijn verhaal is op dit punt stukken korter dan dat van Jacob. Wat ik er hier meteen bij moet vertellen, is dat ik als eenentwintigjarige student een grammatica van het Syrisch in handen kreeg en er niet van af kon blijven. De vreemde kriebeltjes intrigeerden mij en de moeite die ik had om mijn ogen van rechts naar links over het papier te laten gaan, bevestigde mij alleen maar in het gevoel dat er achter deze hoge drempel een ongemeen boeiende wereld lag. Met jeugdig enthousiasme stortte ik mij op de werken van Efrem de Syriër (ca. 305-373), een van de grootste Syrische kerkvaders – en daarmee nam mijn leven een fundamentele wending.

Mijn kennismaking met deze dichter-theoloog leidde namelijk een lange studie van het oriëntaalse christendom in, die mij als academicus en als mens en christen diep raakte. Efrem werd vanzelf het onderwerp van scripties, artikels en uiteindelijk een heel boekwerk.[59] Zijn symbolische geloofswereld sprak mij sterk aan. Ik was hierop voorbereid door mijn katholieke achtergrond, waarin kunst en beeldend denken een zekere rol speelden. Maar de katholieke kerk zelf ervoer ik steeds meer als een vreemd en vervreemdend instituut.

Bij Efrem ontdekte ik een wereld van spreken, denken en geloven met een voor mij ongekende menselijke diepgang – iets dat ik overigens ook bij andere oriëntaalse tradities terugvond, met name in de Koptische. Het raakte allemaal iets heel diep in mij aan en in de loop der jaren verlangde ik steeds sterker naar aansluiting bij een van de oriëntaalse kerken.

Uiteindelijk ging dit verlangen in vervulling door mijn kennismaking met de bisschop van de Syrisch-orthodoxe Kerk in Nederland, Mor Polycarpus Augin Aydin, in december 2008.[60] Hij nodigde mij uit om af en toe wat lezingen te geven voor de mensen van zijn kerk en aangezien er onder hen een grote behoefte aan onderwijs is, besloot ik een groot deel van mijn tijd daaraan te wijden. Ik ben nu sinds enige tijd als een van zijn medewerkers direct betrokken bij het wel en wee van de Suryoye in Nederland.

Daarmee ben ik van vierde-eeuwse Suryoye in Mesopotamië (en de veilige afzondering van studeerkamer en bibliotheek) zomaar overgegaan naar een wereld van levensechte Suryoye in Nederland. Hun oriëntaalse welkom is steeds warm en hartelijk, hun menselijke werkelijkheid steeds uitdagend en veeleisend. Het onderhavige artikel is een eerste, oriënterende verkenning van het veelkleurige Suryoyo-wij in de vorm van een verslag van mijn ontmoetingen met individuele Suryoye en van de gedachten, die deze ontmoetingen bij mij oproepen.[61] Voor mij persoonlijk gaat het niet alleen om studie maar ook om zelfreflectie. Voor de lezer moge het een boeiende kennismaking zijn.

Van wereldkerk tot diasporaminderheid

Eerst maar eens een stukje geschiedenis, want de Suryoye komen niet zomaar uit de lucht vallen. Ze waren (en zijn tot op de dag van vandaag) ondernemende handelaars. In de tweede of derde eeuw bereikten zij het zuidwesten van India. Daarna drongen ze door tot de Himalaya, Maleisië en de grote Centraal-Aziatische hoogvlaktes. Al in de zevende eeuw hadden ze een bisdom in de toenmalige hoofdstad van het Chinese keizerrijk. Met name de Kerk van het Oosten breidde zich over grote delen van Azië uit en was zoiets als de eerste, centraal bestuurde wereldkerk uit de christelijke geschiedenis.[62] Tegen het eind van de Middeleeuwen hadden de christenen van de verschillende Syrische kerken een literaire en intellectuele traditie opgebouwd, die even rijk was als de toenmalige Europese cultuur.

De invallen van de Mongolen in de veertiende eeuw hebben van deze Syrische wereld zo goed als niets overgelaten, al zijn er in grote delen van Azië sporen te vinden van de aanwezigheid en invloed van de Syrische christenen. Onder het Mongools bewind nam hun aantal drastisch af en werden zij binnen de wereld van de Islam volledig gemarginaliseerd. Ook later zijn de Suryoye herhaaldelijk het slachtoffer geworden van vervolging en genocide, met name bij de beruchte uitroeiing van de Armeense bevolking van de nieuwe

Turkse staat in 1914-1918. Er werden toen zo'n 250.000 Suryoye van de verschillende Syrische kerken door de Jonge Turken en hun Koerdische handlangers om het leven gebracht.[63]

De Syrisch-orthodoxen vluchtten toen massaal weg uit hun thuisland in Tur 'Abdin en vormden een grote diaspora in Syrië, Irak en Libanon, waar zij zich blijvend vestigden. In Syrië leven nu zo'n 180.000 Syrisch-orthodoxen, in Irak 50.000 en in Libanon 30.000. Een grote groep vestigde zich in Noord- en Zuid-Amerika, terwijl een kleine minderheid na verloop van tijd terugkeerde naar Tur 'Abdin. Vanaf de jaren zeventig brachten onderdrukking, armoede en het conflict tussen Turken en Koerden de meeste nog in Tur 'Abdin levende Suryoye ertoe weg te trekken en zich over heel de wereld te verspreiden, waar zich in de jaren tachtig vele Suryoye uit Syrië en Libanon bij hen voegden.

Met zo'n 25.000 leden is de Suryoyo-gemeenschap in Nederland relatief klein. In Duitsland telt zij rond de 70.000 leden, in de VS 80.000, in Zweden zo'n 100.000, terwijl elders in de wereld nog eens rond de 100.000 Suryoye leven. In India zijn bovendien ruim 1.200.000 christenen lid van de Syrisch-orthodoxe Kerk.

Een klein aantal Suryoyo-mannen kwam eind jaren zestig als gastarbeiders naar Nederland en bracht na verloop van tijd hun gezinnen over. Zij baanden daarmee de weg voor de vele gezinnen die vanaf 1975 uit Tur 'Abdin wegvluchtten en in Nederland asiel zochten.[64] Aanvankelijk woonden ze voornamelijk in Hengelo, waar de metaal- en textielindustrie in werk voorzag. Midden jaren tachtig volgde een tweede golf van vluchtelingen, die met name uit Syrië en Libanon kwam. De groeiende gemeenschap verspreidde zich verder over Enschede, Amsterdam, Rijssen en Oldenzaal. Van de eerste parochie in Hengelo, opgericht in 1977, breidde de kerkelijke organisatie zich uit tot een geheel van negen parochies, waarvan er zich zes in Twente en drie in Amsterdam bevinden.

De eerste Europese bisschop van de Syrisch-orthodoxe Kerk, Mor Julius Jeshu'a Cicek (1942-2005), kocht in 1981 een klooster in Glane bij Enschede. Dit wijdde hij in 1983 als het nieuwe St. Efrem de Syriër Klooster in, dat tevens zetel werd van het bisdom van Midden-Europa.[65] Van de zes landen die onder dit bisdom vielen werd Duitsland in 1997 zelfstandig bisdom, terwijl in 2006 naast Nederland ook België en Frankrijk enerzijds en Zwitserland en Oostenrijk anderzijds zelfstandige bisdommen kregen.

Suryoyo, Nederlander, of Nederlandse Suryoyo?

De man heeft zijn patat en berenhap op en groet ons vriendelijk, terwijl Jacob en ik achter de toonbank staan. 'Al zie ik er van buiten wat anders uit, van binnen voel ik me honderd procent Nederlander', zegt Jacob. 'We hebben het nooit zo goed gehad als hier – wat kun je nog méér verlangen? In Turkije leefden we steeds in angst, hadden we altijd angst. Als op Oudejaarsavond voor het eerst de rotjes afgaan, schrik ik altijd even. Als Koerden bij je voordeur een familielid neerschieten en je ziet als kind zijn lijk daar liggen, totaal aan flarden geschoten, dan besef je dat er met een dergelijke haat niet te leven valt, dat het elders alleen maar beter kan zijn. Nee, mijn leven is nu hier en ik ben ontzettend dankbaar voor wat mijn vrouw en ik hier hebben kunnen opbouwen. We hebben ons eigen huis, een eigen bedrijf, de kinderen gaan naar de universiteit – en dan zou ik reden hebben om me géén Nederlander te voelen?'

Benjamin is een stuk jonger dan Jacob en heeft nog maar amper herinneringen aan Tur 'Abdin. 'Nee', zegt hij, 'Ik voel me Suryoyo, geen Nederlander.' Zijn Twents accent is onmiskenbaar, maar zijn identiteit vindt hij in zijn liefde voor de Syrisch-orthodoxe Kerk en in de Suryoyo-gemeenschap met haar vele internationale vertakkingen. Voor hem is Nederland geen nieuw vaderland, maar een land waar hij als klein kind toevallig is terechtgekomen. Zijn thuis vindt hij in zijn over vele landen verspreidde kerk en volk. Via internet en mobieltje staat hij dagelijks in contact met vrienden in de hele diaspora, die ook maar min of meer toevallig op deze of gene plek terecht kwamen. Hij is ook overal geweest: in Tur 'Abdin, Jeruzalem, Aleppo, zelfs in Kerala, en op alle mogelijke plaatsen tussen Zweden en Zwitserland. Niet dat hij problemen met Nederland of Nederlanders heeft: zijn zaak is voor vele

Tukkers uit de omgeving een echt begrip, hij is een gewaardeerd lid van de plaatselijke Rotary Club en in het gemeentehuis kent hij de weg.

Ook Sara's ouders vluchtten weg van armoede en onderdrukking, maar zijzelf is in Nederland geboren en van niets weggevlucht. Zij weet waar haar familie vandaan komt, maar leeft in de diaspora en weet dat zij en haar kinderen daar zullen blijven. Zij spreekt perfect Nederlands, haar man is accountant, ze zit in de ouderraad van de plaatselijke lagere school en is blij dat haar moeder even verderop in de straat woont: zo kan ze zelf drie dagen per week als secretaresse op een advocatenkantoor werken. Haar moeder is weduwe en gaat helemaal in het zwart gekleed: hoofddoek, hemd, lange rok en kousen lijken direct uit Tur 'Abdin te komen, terwijl Sara's jeans en hoge hakken uit het winkelcentrum om de hoek komen.

'Wij zijn nu *Nederlandse* Suryoye', zegt ze. 'We zijn zelfs zó goed geïntegreerd, dat dit een probleem is geworden. Velen van ons laten zich feitelijk helemaal assimileren en daarmee gaat onze eigenheid verloren. Je gaat dan op in de massa en hebt niets specifieks meer te bieden. Wat we eeuwenlang met de grootste moeite hebben bewaard en verdedigd, raken we hier binnen twintig, dertig jaar zonder slag of stoot kwijt. Ik vind dat heel erg. We kunnen toch Nederlanders zijn *en* Suryoye. We hebben de Nederlandse maatschappij zoveel te bieden, maar weten niet hoe we dat moeten doen.' Suryoyo-zijn in Nederland is allesbehalve vanzelfsprekend.

Het Suryoyo-'wij': uiterlijk sterk, maar innerlijk kwetsbaar
De gedeelde ervaring van de genocide van 1915, die de Suryoye het 'Jaar van het Zwaard' of kortweg *Seyfo*, 'het zwaard' noemen, staat centraal in het verhaal dat de Suryoye over zichzelf vertellen, waarin zij zichzelf herkennen en manifesteren.[66] Zij zijn een volk zonder staat, maar wel met een eigen taal, eigen culturele gewoontes en een eigen religieuze traditie die sinds onheuglijke tijden aan verdrukking zijn blootgesteld. De *Seyfo* vormt in deze collectieve

herinnering een soort negatieve climax. Zij zijn mensen, die om hun geloof uit hun thuisland moesten wegvluchten en erkenning vragen van het onrecht dat hen is aangedaan – een wens die zij met de Armeniërs (en andere vergeten volken wereldwijd) gemeen hebben.

Seyde, juriste en gelegenheidspubliciste, vertelt hierover: 'In elke familie worden kinderen grootgebracht met verhalen over verwanten, die voor het oog van anderen door het Turkse leger of zijn Koerdische helpers werden gedood of werden afgevoerd om nooit meer terug te keren.[67] Ik denk dat je kunt stellen dat hele generaties Suryoye onder een trauma lijden, dat in de loop der jaren alleen maar groter is geworden doordat Turkije de *Seyfo* tot op heden ontkent en iedereen die deze genocide wel erkent met alle mogelijke middelen bestrijdt.[68] Toch gaat het er niet om dat we alsmaar terug in de tijd blijven kijken en in het verleden leven. Is de genocide op ons volk eenmaal erkend, dan kunnen we eindelijk vanuit een objectieve geschiedenis vooruitkijken. We kunnen dan het verleden het verleden laten, want in feite worden we in de diaspora met een ander soort 'uitsterven' bedreigd dat veel moeilijker te benoemen en te hanteren is.'

Net als Seyde beseffen veel Suryoye dat hun identiteit maar amper bestand is tegen de assimilatiedwang van de nogal oriëntatieloze Nederlandse maatschappij. De hechte onderlinge band die bij een eerste kennismaking met de Suryoye meteen opvalt, is blijkbaar een overlevingsstrategie: de sterke buitenkant van een kwetsbare binnenkant. Als zij 'wij Suryoye' zeggen, uit zich daarin de collectieve identiteit van een volk dat is samengesmeed door bloedverwantschap en vele eeuwen van gedeelde geschiedenis, samengesmeed ook door het taaie vasthouden aan een christelijke identiteit en een gemeenschappelijke taal binnen de wereld van de Islam. Zij vormen een van nature defensief ingestelde minderheid waarvoor zelfbehoud van het allergrootste belang is. Een instinctieve reserve weerhoudt hen ervan zich collectief sterk te profileren en verklaart waarom ze voor velen – ook uit eigen kring – een behoudende gemeenschap vormen, die maar weinig van zichzelf laat zien. Er zijn allerlei culturele verenigingen en ook Nederlandse branches van twee internationale Suryoyo-televisiezenders, maar ook hun blik is vooral naar binnen gekeerd.

Het Suryoyo-'wij': families tussen verleden en toekomst
De sterke onderlinge betrokkenheid heeft problematische kanten, o.a. omdat zij een spanning tussen persoonlijk levensgeluk en collectief voortbestaan in zich draagt. Het besef dat zij misschien wel 'de laatsten der Mohikanen' zijn, drukt soms zwaar op individuele Suryoye. 'Als ik met een Nederlandse jongen trouw, zullen we thuis nooit Suryoyo met onze kinderen spreken', zegt Maria met een uitdrukking van vermoeid verantwoordelijkheidsbesef in haar ogen. Want in haar ogen, of misschien eerder in die van haar familie en vrienden, zou het een soort verraad zijn aan het voortbestaan van de gemeenschap; ergens begrijpt ze dit wel, maar het is niet háár keuze. Ze is bijna vijfendertig en staat daarmee helemaal in de marge van de Suryoyo-huwelijksmarkt.

Efrem daarentegen is achttien en vertelt me vol geluk over het meisje dat hij afgelopen zomer tijdens een kerkelijk jongerenkamp heeft leren kennen. De foto op zijn mobieltje toont een oriëntaalse schoonheid: Sonja is net zo oud als hij en ze hebben besloten over enkele jaren met elkaar te trouwen, wanneer zij klaar is met haar opleiding tot tandartsassistente en hij universitaire studies doet. Ze woont zes uur rijden ver weg in Duitsland, maar beide families hebben ingestemd met een verloving-op-lange-afstand. Zij willen allebei een echte Suryoyo-familie, die het Turoyo cultiveert en volledig geëngageerd is met de kerk. Zo kan het dus ook, zonder enige dwang.

Simon en Zekiya zijn al een jaar of zeven getrouwd. Zij zijn hoogopgeleide, dynamische tweeverdieners met drie kleine kinderen, een sterk Hollands accent en een hyperdruk leven in gezin, werk, familie en kerk. Ik ken ze al een tijdje als Simons moeder in Oldenzaal op bezoek komt en dat is toch een beetje een schok voor me: naast de vertrouwde sportieve bankmanager staat een kleine boerin, in de traditionele kledij van Tur 'Abdin die ik uit oudere fotoboeken ken. Behalve 'Goede morgen', 'Tot ziens' en 'Dank u wel' kent ze geen Nederlands. Terwijl ze daar naast elkaar staan, is er tussen moeder en zoon zowel een grote nabijheid van wederzijdse genegenheid als een – voor mijn gevoel haast onoverbrugbare – culturele afstand. Simons moeder leeft nog steeds zoals ze dat in haar oude dorp in Tur 'Abdin deed: binnen de grote, wijdvertakte familie (iedereen is met zo ongeveer iedereen verwant), op bezoek in de eigen kring, winkelend bij Suryoyo-zaken, een onvervangbare schakel in het intensieve Suryoyo-roddelcircuit.

Simon leeft op het raakvlak van twee werelden en probeert het beste van de ene over te hevelen naar de andere. Zijn oudste zoontje wordt zes en als jonge vader ziet hij zich voor de vraag geplaatst wat hij zijn kinderen als gedeelde identiteit wil meegeven. Welk verhaal gaat hij hun vertellen over hun herkomst? Welke traditionele elementen kan hij vasthouden en doorgeven? Welke elementen uit de Nederlandse samenleving integreert hij? En welke wijst hij af? Zijn vader is een alom gekende spreker, een voorname getuige van het leven in het thuisland, en Simon heeft veel respect voor hem. Neemt hij de fakkel over van zijn vader? Kan hij dit allemaal alleen aan? Staat hij er eigenlijk wel alleen voor?

Het Suryoyo-'wij': volk en kerk tussen Oost en West

Er zijn Suryoye die onder meer in het verband van culturele organisaties, actief op zoek zijn naar mogelijkheden om vanuit hun traditie een nieuwe inhoud en vorm te geven aan de collectieve Suryoyo-identiteit en vanuit die identiteit ook tastbaar en herkenbaar aanwezig te zijn in de maatschappij. Daarbij moeten zij hun koers houden tussen separatie en assimilatie, tussen verstarring en onverschilligheid, tussen conservatisme en nieuwlichterij.

Wat deze opgave extra bemoeilijkt is een onbewuste versmelting van geloof en culturele vormen. Nu kan het voor iedereen, vooral in emotioneel opzicht, moeilijk zijn om religieuze of culturele waarden los te zien van voorbijgaande vormen en tijdelijke verpakkingen. Suryoyo zijn betekent voor sommigen evenzeer naar de kerk gaan als van *bulghur, qudle* en *hafle* houden.[69] Nu is er natuurlijk niets mis met een heerlijke oriëntaalse maaltijd, integendeel, maar een volk dat zijn dagelijks leven voor een groot deel vanuit 'uitheemse' modellen interpreteert, heeft het niet gemakkelijk in een postmoderne samenleving. Huwelijk en gezinsleven, opvoeding en opleiding, werk en welzijn worden veelal beleefd en begrepen vanuit de traditionele context van dorpskerken, wijd vertakte familiestructuren en maatschappelijke hiërarchieën met hun statusvertoon en machtspolitiek, wederzijdse hulp en wedijver, sociale controle en roddel – een caleidoscopisch geheel dat slechts ten dele een specifiek christelijke karakter heeft en in vele opzichten bepaald wordt door culturele tradities uit het Midden-Oosten.

Spanningen op dit terrein zijn vooral voelbaar in de relatie tussen ouderen en jongeren. De uitdagingen en problemen waarmee deze laatsten worden geconfronteerd zijn niet altijd duidelijk voor ouders en grootouders, die nogal eens antwoorden aanreiken waarmee hun (klein)kinderen echt niets kunnen. Mede vanwege overgeleverde taboes rond bijvoorbeeld seksualiteit en genderrollen groeien de generaties snel uit elkaar – een probleem dat vele immigrantengemeenschappen kenmerkt. Standaardantwoorden uit het Midden-Oosten verliezen hier in Nederland nu eenmaal een deel van hun geldigheid en steeds meer jongeren ontglippen aan de invloed en controle van de oudere generaties. Over en weer heerst er frustratie, onmacht en boosheid vanwege de problemen die het leven in de diaspora nu eenmaal met zich mee blijkt te brengen.

Omdat de diasporagemeenschap in wezen is opgebouwd rond de plaatselijke parochies, wordt het kerkelijk leven direct met deze problematiek geconfronteerd. Voor vele Suryoye vallen kerk en volk in feite samen, maar een 'theologie' in de westerse zin van het woord is in de Syrisch-orthodoxe kerk praktisch afwezig. Er is geen systematische reflectie over het eigen geloof in de concrete omstandigheden van de diaspora en evenmin een pastoraal programma, dat inzichten omzet in praktijk. Het verbaast dan ook niet, dat steeds minder jongeren actief deelnemen aan het kerkelijk leven. Hun dagelijks bestaan in Nederland is grotendeels losgekoppeld van hun christelijke achtergrond. Bovendien is er een – verzwegen, maar daarmee niet minder grote – overgang van hele Suryoyo-gezinnen naar evangelische groeperingen, waar men zich intensief met de Bijbel en het christelijk leven in deze wereld bezighoudt op een manier die bij de Nederlandse samenleving aansluit. Niet alleen het volk bevindt zich in een oncomfortabele spagaat tussen verleden en toekomst, de kerk evenzeer.

Deze laatste staat voor de grote uitdaging om de relevantie van het traditionele geloof aan te tonen. Ze is hier in bepaalde opzichten slecht op voorbereid. Alleen op het niveau van de parochies is er enigszins sprake van een kerkelijke organisatie, die bijna geheel in handen is van leken die voor een dergelijke verantwoordelijkheid maar weinig zijn toegerust. Het bisdom omvat parochies die als afzonderlijke eilandjes functioneren, en valt praktisch samen met de persoon van de bisschop, die over geen echte staf beschikt. Er is geen priesteropleiding en evenmin een pastoraal programma voor liturgie, jeugd, huwelijk en gezin, catechese en oecumene. Terwijl de gemeenschap zichzelf heeft opgebouwd dankzij haar succes op het vlak van zakenleven, opleiding en sociale vooruitgang, is de kerk ver bij haar achtergebleven en velen klagen over een zekere malaise. De opbouw van een eigen organisatie op het niveau van het bisdom en het aanwerven van een competente staf is daarom een van de voornaamste taken van de huidige bisschop.[70]

Het Suryoyo-'wij': van integratie naar diversiteit

Zelf ben ik betrokken bij de oprichting van een educatieve dienst voor het bisdom en ervaar ik vanuit de eerste hand de weerbarstigheid van bepaalde vastgeroeste denkpatronen. Daar staat echter tegenover, dat de gemeenschap over een groot reservoir aan talent en goede wil blijkt te beschikken en dat vele jongeren én minder jongeren bereid zijn zich met daadkracht in te zetten voor hun kerk. Zij ervaren tijdens hun opleiding en op hun werk dat het leven in

Nederland niet alleen een grote uitdaging vormt, maar hen ook middelen aanreikt om deze uitdaging aan te gaan. Tijdens een aantal rondetafelgesprekken met een grote groep Suryoye van verschillende achtergronden viel mij op, hoe enkele termen telkens weer terugkeerden: professionalisering, samenwerking, transparantie, evaluatie, verantwoording, continuïteit – veelal termen uit de beroepswereld, aan de hand waarvan momenteel een nieuwe organisatie in het leven wordt geroepen. Al met al is er reden voor optimisme.

Sinds november 2009 is er spontaan een groep jongvolwassenen opgestaan, waarmee ik nu een soort jongerenplatform aan het oprichten ben. In een van de Zweedse bisdommen bestaat al veertien jaar een dergelijke organisatie, die bijna tienduizend leden telt en voor negenennegentig procent door vrijwilligers wordt gedragen.[71]

Yuhannon, op bezoek bij familie in Enschede, is een van de bestuursleden aan de top en hij komt er graag eens over vertellen: 'Ik zie dit allemaal wel zitten hier in Nederland. Er is grote behoefte aan een jongerenorganisatie, jullie hebben veel talent in huis, de gemeenschap is niet groot en best overzichtelijk, in het St. Efremklooster hebben jullie een prachtig centrum, het komt eigenlijk maar op één ding aan: jullie geloof in God en de echte motivatie van jullie mensen. In Zweden hebben we met vallen en opstaan geleerd hoe het moet en we komen graag onze expertise met jullie delen. Niet dat het allemaal even gemakkelijk is, maar samen komen jullie er wel. Het moment is goed, de tijd hier is er rijp voor.'

Dat het een goed moment is blijkt uit allerlei kleine zaken. Zo vierde de Hengelose *Suryoyo Culturele Vereniging Baradeus* op zaterdag 21 november 2009 haar twintigjarig bestaan. Wethouder Janneke Oude Alink, verantwoordelijk voor o.a. jeugdzaken, inburgering en minderhedenbeleid, sprak namens de Gemeente Hengelo over de belangrijke bijdrage die de vereniging had geleverd aan de succesvolle integratie van de Suryoye, de grootste immigrantengemeenschap in Hengelo. In dit verband stelde zij met nadruk, dat de Gemeente Hengelo afscheid heeft genomen van het concept 'integratie' als alleen zaligmakend en voortaan 'diversiteit' zou gaan nastreven. In een gefragmentariseerde samenleving als de Nederlandse, zo suggereerde zij, is actieve participatie aan het maatschappelijk leven niet simpelweg een opgave voor wie uit andere landen en culturen komen, maar voor iedereen die in die samenleving leeft. Dit is een wederkerig gebeuren, dat geen uniformiteit nastreeft maar diversiteit en de verrijking van het geheel.

Het moment is blijkbaar gekomen, dat de Suryoye duidelijker en nadrukkelijker vorm moeten geven aan hun aanwezigheid. De jaren van de grote uittocht zijn voorbij, ook de jaren van vestiging en consolidering, de jaren van opbouw en gezinsuitbreiding en scholing en werk. Historische processen volgen ergens toch hun eigen ritme en al kunnen het initiatief en charisma van individuele mensen soms beslissende wendingen markeren, toch is het de kunst om de tekenen van de tijd te verstaan en in te spelen op de kansen die zich aandienen. Traumatische herinneringen, onderlinge verdeeldheid, culturele verschillen – zij doen zich nog steeds nadrukkelijk gelden in het leven van de gemeenschap, want ze horen nu eenmaal bij de grote overgangsbeweging waarin zij verkeert. Maar uiteindelijk zullen ze niet het laatste woord hebben, als de wil er maar is om boven de omstandigheden uit te stijgen en het leven in eigen beheer en onder eigen verantwoordelijkheid te nemen.

'*Aykan ithek?* – Hoe is het met je? Ik heb je al een tijdje niet meer gezien.' Na twee uur 's middags is het rustig in het cafetaria en ik kom weer eens wat bijkletsen met Jacob. Hij begroet me in het klassieke Syrisch, al begrijp ik het moderne Turoyo – *aydarbo hat?* – inmiddels ook wel.
'Ja, dat artikel over de Suryoye heeft me nogal beziggehouden. Jullie zijn een levendig volkje met zo'n aparte geschiedenis, dat ik alles maar met moeite op een rijtje krijg.'
Hij kijkt me grinnikend aan: 'Ja, jij dacht zeker dat je gauw met ons klaar was', maar de warmte in zijn stem en ogen laat zien dat hij maar wát blij is met de moeite die ik me getroost.

Hij plaagt me wel eens: 'En, heb je al een dorp gekozen? Je kunt niet lid van de kerk zijn zonder Suryoyo te zijn en niet Suryoyo zijn zonder uit een bepaald dorp in Tur 'Abdin te komen! Een Suryoyo uit Maastricht is zo ongeveer iemand uit niemandsland.' We lachen er allebei om. Jacob komt niet uit niemandsland en ik evenmin. We ontmoeten elkaar ergens halverwege twee zeer verschillende werelden, maar er is iets diepers dat ons verbindt. Ik voel me niet minder Suryoyo dan hij en hij voelt zich niet minder Nederlander dan ik. Met ons tweeën hebben we een vorm van wij ontdekt, een soort 'vriendschaps-wij' dat het leven ons zomaar in de schoot heeft geworpen. Het leven is toch altijd groter en creatiever dan we ons kunnen voorstellen.

'Zoals immers het lichaam één is':
de inspiratie van Paulus

André Lascaris

Het meest bekende en krachtige beeld van een 'wij' is waarschijnlijk 'lichaam'. Dit beeld heeft een lange traditie en wordt ook nu gebruikt met een grote vanzelfsprekendheid, bijvoorbeeld in uitdrukkingen als 'een publiek lichaam'. In de theologische traditie vinden we dit beeld prachtig uitgewerkt door Paulus. Nog steeds kan zijn tekst gebruikt worden als een visioen voor zowel de kerkelijke gemeenschap als de samenleving. Ik citeer hier zijn tekst uit de eerste brief aan de Korintiërs, het 12de hoofdstuk te beginnen bij het 12de vers in de vertaling van Pieter Oussoren.

> *Zoals immers het lichaam één is en vele leden heeft, maar de leden van het lichaam, hoewel ze met velen zijn, één lichaam vormen, zo ook de Christus; want ook door één Geest zijn wij allen gedoopt tot één lichaam, hetzij Judeeërs hetzij Hellenen, hetzij slaven hetzij vrijen, en allen zijn wij met één Geest gedrenkt. Want ook het lichaam bestaat niet uit één lid maar uit vele. Als de voet zou zeggen 'omdat ik de hand niet ben, ben ik niet van het lichaam', is het daarom geen deel van het lichaam? En als het oor zou zeggen: omdat ik het oog niet ben ben ik niet een deel van het lichaam, is het daarom geen*

deel van het lichaam? Als heel het lichaam oog was, waar zou het gehoor zijn? Als heel het lichaam gehoor was, waar zou de reuk zijn? Maar in feite heeft God elk van de leden in het lichaam gezet zoals hij heeft gewild. Als allen één lid waren, waar was dan het lichaam? Maar in feite zijn de leden met vele, maar is het lichaam één. Het oog kan niet zeggen tot de hand 'ik heb jou niet nodig', of op zijn beurt het hoofd tot de voeten 'ik heb jullie niet nodig!' Nee, veeleer zijn die leden van het lichaam die de zwakste lijken te zijn, noodzakelijk en die waarvan we denken dat zij het minder eerbare van het lichaam zijn, die omgeven we met overvloediger eer, en onze minder sierlijke leden krijgen overvloediger versiering; maar onze sierlijke leden hebben dat niet nodig. Nee, God heeft het lichaam zo samengesteld, daarbij aan wat te kort kwam overvloediger eer gevend, dat er geen scheuring in het lichaam is, maar de leden eendrachtig voor elkaar zorgen. En als één lid lijdt, lijden al de leden mee, als een lid glorie ontvangt, verheugen alle leden zich mee. Welnu, samen zijt ge: lichaam van Christus, en ieder ten dele: leden daarvan.

Paulus richt zich tot een – waarschijnlijk – kleine groep christenen in Korinte. Hij schrijft aan een gemeenschap, een 'wij', met weinig samenhang. Bij de gemeenschappelijke maaltijden eet ieder zijn eigen deel op zodat de een honger lijdt en de ander dronken is. (11, 20-21) Sommige leden van de gemeenschap lijken bovendien tegelijk deel te nemen aan de Isis-cultus. Of misschien hebben ze religieuze gebruiken van deze mysteriegodsdienst ingevoerd in de gebedspraktijk van de christelijke gemeenschap. Dat valt af te leiden uit de gewoonte van de vrouwen om hun haren los te laten hangen.

De zorg van Paulus gaat uit naar twee richtingen. Enerzijds wil hij de eenheid van de gemeenschap bevorderen, die nu verscheurd is door allerlei rivaliteiten en fracties. Anderzijds wil hij de verscheidenheid handhaven. Hij wil niet een gemeenschap waarin elk lid inwisselbaar is tegen een ander. Integendeel, verscheidenheid en individualiteit moeten gewaarborgd blijven; niet iedereen heeft dezelfde gave. Dit hoeft niet te betekenen dat iemand vastgepind wordt aan de gave die hij heeft ontvangen. Wat Paulus wil is het voorkomen van rivaliteit en concurrentie; hij streeft niet naar een feodale samenleving waarbij iedereen van zijn geboorte af al een bepaalde plaats en rol in de samenleving heeft.

Dit lichaam is een levend gebeuren waarin de verschillende individuen voortdurend met elkaar communiceren. Het doel van deze communicatie is niet dat deze individuen elkaars dubbelgangers worden, mensen die in alles hetzelfde willen en doen: dat zou ertoe leiden dat je geen verschil meer opmerkt en er een chaos ontstaat. Nee, het is juist het verschil in gaven en de daaruit volgende afstand die echte communicatie mogelijk maakt: de een staat tegenover de ander. De christenen in Korinte zijn niet te vangen in de classificaties van de Romeins-Griekse samenleving, in begrippen als familie en staat. Je zou de gemeente kunnen beschouwen als een van de vele subculturen in het hiërarchische Romeinse rijk, maar dan wel een die zich op de grens daarvan bevindt of zelfs daarbuiten. Met een term van de antropoloog Victor Turner: zij vormen een 'communitas': een anti-structuur, een gemeenschap, waarin de humaniteit voorop staat en er weinig vast ligt.[72]

Opvallend is de plaats die Paulus geeft aan degenen die minder mooi zijn, minder eer ontvangen, zwak zijn. Je zou verwachten dat Paulus de zwakken, minder respectabelen en minder toonbaren, uit beeld zou willen houden. Zij zijn immers in de ogen van de Romeins-Griekse maatschappij geen reclame voor een gemeenschap. Zij werden en worden nu nog doorgaans gezien als 'onaangepast', 'onmaatschappelijk', 'asociaal' of als 'niet geïntegreerd'; aan hen kunnen we de grenzen van de groep aflezen en deze zien als een in zichzelf relatief gesloten domein. Zo maken we dankbaar gebruik van 'de zwakkere' om het eigene gemakkelijker te omschrijven en te definiëren.

Paulus gebruikt de zwakken ook om de cohesie van het 'wij' te versterken, maar op een geheel andere wijze dan in de Romeins-Griekse samenleving. De zwakken, minder eerbaren, minder sierlijken, van deze gemeenschap moeten niet veracht worden, laat staan uitgestoten: aan hen moet juist de grootste eer worden gegeven. Zij vormen de kern van dit 'wij'. Niet omdat ze zondebokken zijn, waar de rest zich tegen kan afzetten, maar juist omdat dit 'wij' ermee begint dat alle leden zich aansluiten bij degenen die door de maatschappij worden uitgedreven, met name Jezus.

De zwakken ontmaskeren het beeld van de grotere samenleving en laten zien dat dat een gedroomde werkelijkheid is, die in de praktijk bijeen gehouden wordt door het geweld van een meerderheid of door een dominante minderheid die de stilzwijgende steun van de meerderheid verwerft. De potentiële of werkelijke zondebokken van de maatschappij zijn bij Paulus het ware hart van de gemeenschap. Zij worden niet uitgesloten, maar erkend als volwaardige leden van de gemeenschap. Meer nog, zij zijn het begin en de bron van het 'wij'. Dat juist de zwakken het hart vormen van de gemeenschap is te danken aan het gegeven dat de gemeenschap het lichaam van Christus is die zelf immers werd vervolgd en gekruisigd. Hij behoort zelf bij de zwakken, bij degenen die minder eer ontvingen. Als gekruisigde was hij eerloos en ontoonbaar.

Paulus draait de verhoudingen in de samenleving niet simpel om. Er is geen sprake van een machtswisseling waarbij de gemarginaliseerden leiders worden en de leiders worden gemarginaliseerd. Er is meer aan de hand: door de verworpenen aan te wijzen als het begin van de nieuwe gemeenschap, van het nieuwe 'wij', schaft hij de scherpe scheidslijn af tussen hen die 'binnen' zijn en hen die 'buiten' zijn, of tussen elke denkbare hiërarchie van 'boven' en 'onder'. Iedereen kan van buiten naar binnen en van onder naar boven komen. Paulus ziet iedereen die buiten deze gemeenschap staat als een potentieel lid. Lid van deze gemeente wordt men niet door geboorte, maar op grond van een volwassen en individueel besluit.

De kleine christelijke gemeenschap trekt zich niet terug uit het web van het Romeinse rijk. De christenen kunnen deel blijven nemen aan de maaltijden van niet-christenen, want de reinheidswetten gelden niet meer. Elk voedsel mag gegeten worden. Ook is het niet de bedoeling dat de christenen potentiële leden afschrikken door extatische riten, zoals in de Isis-cultus. Het meest ingrijpende ritueel, de doop, verwijst naar het begin van de schepping en de eenheid van de mensheid.[73] De doop onderscheidt wel, maar scheidt niet, integendeel, zij is tegelijk een zending, een opdracht de gemeenschap open te blijven houden voor mogelijke nieuwe leden. Deze gemeenschap predikte dat dit de weg was naar heil, en dat deze weg wijd open stond voor ieder die haar wilde volgen.

Ook Paulus ontkomt niet aan een 'wij' tegenover een 'zij', maar de inhoud van dat verschil is verschoven. Het gaat om een onderscheid tussen hen die vervolgen en hen die vervolgd worden, maar weigeren om zelf anderen te vervolgen. Dit onderscheid gaat terug op het verhaal van Jezus van Nazareth en beantwoordt aan de persoonlijke ervaring van Paulus: zijn bekering, die ook een persoonlijke ommekeer was van vervolger naar vervolgde. De nieuwe gemeenschap nodigt haar vervolgers uit zich bij haar aan te sluiten en op te houden met het vervolgen. De vervolgers worden niet gehaat of tot zondebokken gemaakt. De oproep om je vijanden te beminnen (Mt 5, 44) betekent dat deze niet als monsters, maar als medemensen gezien moeten worden en als potentiële broeders en zusters.

Normaal gesproken zou je verwachten dat de slachtoffers, zij die worden buitengesloten door de maatschappij, reageren met ressentiment, haat en wraakzucht. Er zijn hele naties die geleid worden door voorstellingen van slachtofferschap. Zo voelen de Serven zich nog steeds verbonden met de door hen verloren slag op het Merelveld in Kosovo in 1389. In Polen zie je vaak het beeld van de gegeselde Christus langs de weg, want vele Polen koesteren de overtuiging dat zij altijd het slachtoffer zijn geweest van de geschiedenis. Iedereen kent het voorbeeld van zieke mensen die hun omgeving terroriseren. Aangedaan leed kan snel leiden tot verbittering.

Maar Paulus gaat bij zijn beschouwingen over de 'eerlozen en de zwakkeren' uit van zijn eigen ervaringen. God heeft hem en de apostelen de laagste plaats in de maatschappij aangewezen, die van ter dood veroordeelden, een schouwspel voor de wereld. Maar hij reageert niet met ressentiment: 'uitgescholden zegenen wij, vervolgd verdragen we, belasterd troosten en vermanen we; uitvaagsel van de wereld zijn we geworden, aller voetvuil tot nu toe... Dus vermaan ik u: weest mijn navolgers!' (1 Kor 4, 9, 12-13, 16)

Hij heeft door dat zijn vijanden hem als een zondebok willen zien,[74] maar hij laat zich niet gebruiken om de vrede van het Romeinse Rijk te verzekeren. Zijn bedoeling is om de verdedigers van dit rijk te confronteren met het geweld dat zij uitoefenen. En daarbij vraagt hij aan de anderen die eerloos, zwak en niet toonbaar zijn zich te gedragen zoals hij.

Relatiepatroon

De gemeenschap zoals Paulus die ziet, wordt niet bijeengehouden doordat een meerderheid zich afzet tegen een 'ongeïntegreerde' minderheid. Al haar leden hebben dezelfde 'geest' of 'adem'. Ook in Paulus' gemeenschap draait het om mechanismen van uitsluiting en vervolging, maar op een manier die volledig tegengesteld is aan de gangbare praktijk in het Romeinse Rijk. De leden van zijn gemeenschap sluiten zich niet aan bij de vervolgende meerderheid, maar gaan naast de vervolgde staan.

Zij herkennen in het lot van de zwakkeren de gang die Jezus heeft gemaakt. Ieder lid heeft een relatie met Jezus, de gekruisigde – of liever, Jezus staat in relatie met ieder van zijn volgelingen, want volgens het Nieuwe Testament neemt Jezus daartoe het initiatief door hun zijn geestkracht te schenken. Omdat Jezus volgens Paulus een relatie heeft met ieder lid van de gemeente, vervalt de noodzaak van de leden om elkaar na te volgen, te imiteren en met elkaar te concurreren. Ze staan vrij tegenover elkaar. Zij kunnen verschillen van elkaar; deze verschillen zijn een verrijking en geen bedreiging van de eenheid. Jezus is zelf geen concurrent; hij is bij Paulus een model dat transcendent is en een te grote afstand heeft tot de leden van de gemeenschap van Korinte om rivaal te zijn, zoals ouders dat bijvoorbeeld wel kunnen zijn. Jezus, de verdrevene, is hier wat M. Buber noemt 'het levende werkende Midden'.[75] Hij is 'de steen die de bouwers afkeurden', de steen die 'tot hoeksteen is geworden'. (Ps. 118, 22)

Een ander gebruik van het beeld 'lichaam'
In zijn boek *De gedroomde samenleving* wijst de socioloog Willem Schinkel het lichaam aan als het dominante beeld van de samenleving.[76] Het lichaam is één en heeft vele delen, zoals ook de samenleving een eenheid vormt van talrijke individuen. In beginsel geldt voor de samenleving als lichaam hetzelfde als voor een fysiek lichaam: het heeft een begin en einde. Ze is sterfelijk, zoals een lichaam als een organisch geheel sterfelijk is. Dit beeld van de samenleving als lichaam komt in vele culturen voor en wordt volgens Schinkel op verschillende manieren ingezet naar gelang de sociale omstandigheden en politieke verhoudingen. Volgens mij suggereert het beeld van het lichaam bovendien een heelheid met duidelijke grenzen en duidelijke openingen, die controleren wat wel of niet toegelaten wordt. De klassieke reinheidswetten hebben hier hun oorsprong; zij markeren de grenzen van de groep.[77]

Kort voor Paulus gebruikte de Romeinse historicus Titus Livius (rond 59 v. Chr.-17 na Chr.) het beeld van het lichaam om de bestaande hiërarchie tussen patriciërs en plebejers te verdedigen en te handhaven. Hij vertelt dat een lid van de patriciërs, Menenius Agrippa, met een fabel de plebejers wist te overtuigen dat de patriciërs en de plebejers ieder de juiste plaats hadden in de samenleving. Toen alle delen van het menselijke lichaam niet 'zoals nu' samenwerkten, waren sommige leden verontwaardigd dat alles wat door hun zorg en werk werd verkregen, naar de buik ging, terwijl deze niets deed en alleen maar genoot van de aan hem gegeven genoegens. Ze zwoeren samen: de handen moesten geen voedsel meer naar de mond brengen; de mond moest het niet aannemen; de tanden moesten het niet kauwen. Terwijl zij in hun woede erop gericht waren de buik door honger te temmen, teerde het hele lichaam weg. Toen werd duidelijk dat de buik nuttig werk deed. Hij voedde hen gelijkelijk via de aderen met bloed. Daaraan dankten de leden hun leven en hun kracht.

Met deze vergelijking toonde Menenius Agrippa aan hoe de onderlinge onmin van de delen van het lichaam leek op de vijandigheid van de plebejers tegen de patriciërs. Hij slaagde erin zijn publiek te overtuigen dat de inrichting van de samenleving moest blijven zoals die voorheen was: de plebejers als werkmieren, de patriciërs als leidinggevenden. De eendracht werd hersteld nadat de patriciërs enige concessies hadden gedaan.[78]

Livius gebruikt hier het lichaam als beeld van een 'wij' in een andere situatie en vooral vanuit een geheel ander perspectief dan Paulus. Het gaat Livius om de status-quo, de macht van de patriciërs over de plebejers, zoveel mogelijk te handhaven. Als patriciër geloofde Livius waarschijnlijk zelf in wat de fabel suggereert. Zijn toevoeging dat Menenius Agrippa sprak in de onbeschaafde taal van het volk toont zijn verachting voor de plebejers die volgens hem de oorzaak zijn van de onrust in de samenleving. Livius ziet hen als mensen die buiten zijn 'wij' staan; zijn 'wij' is het echte Rome. In de Romeinse literatuur hebben de rijken en machtigen in beginsel altijd het gelijk aan hun kant.[79] Voor Livius is dit geen probleem; hij weet niet beter. Paulus verschilt in sterke mate van Livius: hij ziet de eenheid van de gemeente van Korinte niet als hiërarchisch en vindt dat de sterken en machtigen zich moeten aansluiten bij de zwakste leden.

Paulus en Schinkel

Er is meer overeenstemming tussen Paulus en Schinkel dan tussen Paulus en Livius. Volgens Schinkel wordt vandaag de dag het 'wij' dat men ervaart nog steeds afgezet tegen de anderen, tegen wat van buiten komt. In zijn visie is voor ons wat van buiten komt allereerst de niet geïntegreerde migrant.[80] Er wordt veel gedaan om de migrant te integreren, maar juist deze aandacht voor integratie houdt de scheiding tussen de samenleving en de niet-geïntegreerden in stand en op deze wijze ook de huidige vorm van de samenleving.

Schinkel is daarom van mening dat de 'samenleving', het 'wij', niet bestaat.[81] Het begrip samenleving is geen neutrale beschrijving van het sociale leven. 'De samenleving' ontstaat pas als gevolg van voortdurende pogingen haar te definiëren waarin de 'leden van de samenleving' gescheiden worden van de niet-geïntegreerden. Vóór die scheiding is het onzinnig over 'samenleving' te spreken. Samenleving is een fictie die pas vorm aanneemt in contrast met iets daarbuiten, een plek die in het integratiediscours ook letterlijk 'buiten de samenleving' genoemd wordt. Wanneer het niet langer mogelijk is een ander mens of een andere groep te definiëren als 'onaangepast', 'onmaatschappelijk', 'asociaal' of als 'niet geïntegreerd', wordt het moeilijk om je überhaupt nog een voorstelling te maken van 'de samenleving'. 'Zo zijn vrouwen, armen, katholieken, protestanten, zwarten, zigeuners, migranten en moslims in verschillende tijden op verschillende manieren constitutief geweest voor 'de samenleving', en wel precies doordat zij werden uitgesloten.'[82]

Zowel Livius, Paulus en Schinkel zijn het erover eens dat een 'wij' gevormd wordt in relatie met de 'zwaksten', de 'plebejers' en de 'niet-geïntegreerden'. Zij kunnen mijns inziens aangeduid worden als 'zondebokken'. Deze duiding geeft een extra dimensie aan de teksten van Paulus, Livius en Schinkel. Hun positie breng ik met deze term in verband met de mimetische theorie van René Girard.[83] De literatuurwetenschapper Girard laat op grond van romans, toneelstukken, de bijbel en antropologisch materiaal zien dat groepen doorgaans ontstaan door het aanwijzen en uitdrijven van een zondebok.

Livius vindt het vanzelfsprekend dat het 'wij' waartoe hij behoort, gebaseerd is op uitsluiting; hij veracht de plebejers. Schinkel vindt dat men in zo´n situatie eigenlijk niet kan spreken van een 'samenleving'; zij blijft een droom. De sociale cohesie in de samenleving is afhankelijk van de aanwezigheid van de zwakkeren. Want de samenleving verwerkelijkt haar sociale cohesie door de zogenaamde ongezonde elementen uit te drijven en te verwijderen.

Schinkel laat zo zien dat degenen die de samenleving zou willen uitdrijven als niet tot haar behorend, een onmisbaar onderdeel uitmaken van die samenleving. Spreken over 'het probleem' van de cohesie van de samenleving houdt dit probleem alleen maar in stand.

Hoe kunnen we op een andere manier spreken? Het is niet mogelijk een positie in te nemen geheel buiten dit systeem. We staan er niet buiten en als dat wel het geval zou zijn, zouden we elke mogelijkheid tot communicatie teniet doen. In plaats van een kritiek van buitenaf zoekt Schinkel naar een transformatie van binnenuit die ontwortelend is.[84] Het gaat hem daarbij om het spreken over een 'wij'. De taal is het strijdperk in al de debatten rond integratie. Hij wil nieuwe posities creëren binnen dit debat. Hij probeert dit te doen door gebruik te maken van paradoxen: door twee zaken die elkaar lijken uit te sluiten toch samen te laten gaan. Je laat bijvoorbeeld zien dat een bepaald spreken onder het mom van het overbruggen van scheiding een scheiding construeert. Wie spreekt over 'buiten' blijkt het tegelijk over 'onder' te hebben, en omgekeerd. (Livius is hiervan een goed voorbeeld: de plebejers, de onderkant van de samenleving, staan buiten het 'wij' waartoe Livius zich rekent). Zo kan men laten zien dat de 'onderkant' tegelijk de 'buitenkant' is en omgekeerd. Of dat de samenleving niet zonder 'onderkant' kan en dat die dus 'binnenkant' is. De uitzuivering van de samenleving, de droom van een samenleving waarin ieder het met iedereen eens is, blijkt dan onmogelijk te zijn omdat er geen 'binnen' of een 'buiten' is. Door woorden anders te gebruiken zaai je een heilzame verwarring.

Een andere paradox die Schinkel signaleert is de klacht van autochtonen dat allochtonen zo weinig contact met hen leggen. Contact moet natuurlijk van twee kanten komen. Autochtonen definiëren zichzelf als de groep die het 'wij' bepaalt. Dat zij zelf weinig moeite doen om contact te zoeken met de allochtonen geldt niet als een probleem, omdat zij al bij voorbaat deel uitmaken van het 'wij'. De allochtonen worden dus verantwoordelijk gemaakt voor het slagen of mislukken van contact.

Paulus gaat mijns inziens een stap verder. Hij meent dat een authentiek 'wij' slechts gevormd kan worden als we daarbij de zondebokken centraal stellen. Het gaat Paulus niet zozeer om een paradoxaal gebruik van de taal, hoe belangrijk dit ook kan zijn, maar om een minstens zo paradoxaal handelen. Hij plaatst de zwakkeren in het hart van de gemeenschap en nodigt iedereen uit zich bij hen aan te sluiten. Volgens Paulus ontstaat er een authentiek 'wij' doordat mensen zich aansluiten bij deze 'ongezonde elementen': de rijken en machtigen bij de armen en machtelozen. De joden vraagt hij de proselieten, 'de heidenen', te aanvaarden als broeders en zusters. De reinheidswetten die de ingangen van het lichaam bewaken, gelden niet meer voor het lichaam waarin joden en heidenen verzoend zijn. Steeds weer keert de paradox terug bij Paulus dat hij sterk is wanneer hij zwak is. Hij droomt niet van een harmonische samenleving naar klassiek model, maar van gemeenschappen waarin de leden vanuit hun diversiteit voor elkaar opkomen.

Een ander verschil tussen Schinkel en Paulus is dat voor de laatste niet alle gemeenschappen teruggaan op ficties. Schinkel heeft het bijvoorbeeld over de verhalen van de broedermoord van Romulus op Remus of die van Kaïn op Abel, allebei gevolgd door de stichting van een stad. Volgens Schinkel zijn dat contingente mythen van het ontstaan van de samenleving, die tot doel hebben vragen over de bestaande orde te voorkomen.[85]

Paulus – of liever de bijbel als geheel – gelooft dat achter de verhalen van broedermoord een werkelijke moord schuil gaat. Alle steden, alle samenlevingen, het Rome dat Romulus stichtte en het Henoch dat Kaïn grondvestte, (Gen 4, 17) zijn oorspronkelijk gebouwd op het uitsluiten van 'anderen'. Een echo daarvan is de moderne definitie van een 'staat' als een organisatie die het monopolie heeft op het gebruik van geweld. Paulus wil een stad, een samenleving, opbouwen, niet vanuit de moordenaars maar vanuit de gekruisigde. Dit betekent mede: vanuit alle slachtoffers die in elke generatie worden uitgesloten en vermoord. Het Nieuwe Testament blijft uitzien naar een nieuwe stad, waarvan de uitgesloten en vermoorde slachtoffers de hoeksteen zijn, niet de tot idolen verheven moordenaars.

Paulus nu

Paulus is geen moderne socioloog, maar hij heeft weet van de dynamiek van de relaties tussen mensen. De boeken die samen de bibliotheek vormen die wij de Bijbel noemen, staan vol met verhalen over hoe mensen zich tot elkaar verhouden. De tekst van Paulus over het lichaam als beeld van een 'wij' steunt op kennis die door het omgaan met die verhalen is verkregen. De tekst van Paulus is een visioen dat niet onmiddellijk vertaald kan worden in concreet handelen in een maatschappij van bijna tweeduizend jaar later. Ik kan enige suggesties doen hoe deze tekst nu nog vruchtbaar gemaakt kan worden.

Ik denk dat stappen naar een echt 'wij' genomen kunnen worden in en door kleine groepen, subculturen, die beetje bij beetje de 'samenleving' beïnvloeden en veranderen. Paulus richt zich tot een kerkelijke gemeente en het ligt voor de hand dat de kerkelijke gemeenschappen van nu zich het eerst aangesproken voelen. Zij kunnen zich afvragen in hoeverre zij beantwoorden aan het ideaal, het visioen, dat Paulus aanbiedt. Wat kan het beeld van het lichaam bij Paulus betekenen voor de kerken nu? Zoeken zij de eenheid in en tussen de kerken in het herhalen van dezelfde geloofsformules, dezelfde liturgie, het volgen van dezelfde regels of in hetzelfde missionaire elan? Het resultaat is dan een grauw, grijs en eenvormig 'wij', dat bij nadere analyse bestaat door zich af te zetten tegen een 'zij' die op een andere manier formuleert, viert, verkondigt. Zijn de verschillen tussen de kerken niet positief te duiden, waarbij de ene gemeente meer 'voet' is, een ander meer 'oor' of 'oog', en toch allen weten juist zo te behoren bij hetzelfde lichaam?

Nog moeilijker is het te bedenken wat de visie van Paulus zou kunnen betekenen voor de sociale cohesie in Nederland. Ik kan me voorstellen dat de tekst in groepen verschillende reacties oproept. Het minste is wel dat de leidende figuren en 'modellen' van onze maatschappij, politici, ondernemers, leiders van vakbonden, werkers in de media, laten zien dat we geen binnenkant, geen 'wij', moeten willen scheppen ten koste van een buitenkant, een 'zij'. Als samenleving kunnen we ons afvragen of we geen alternatief kunnen vinden voor het huidige beleid inzake de mensen 'van buiten' zonder documenten; zij kunnen niet uitgezet worden, en worden nu opgesloten of 'geklinkerd': zonder hulp worden ze op straat gezet.

Degenen die niet geboren zijn als burgers van dit land zijn allen potentiële burgers; dit impliceert niet dat zij allen in dit land komen wonen, maar wel dat de grote verschillen in echte welvaart moeten worden opgeheven en dat de grens tussen rijke en arme landen verdwijnt. De behoefte naar den vreemde te gaan zal dan niet meer economisch van karakter zijn, maar educatief en sociaal. De globalisering heeft geen 'buiten'; het wordt onmogelijk 'iemand buiten te werpen'.[86] We overzien nauwelijks de consequenties hiervan, maar wel is duidelijk dat 'zij' altijd tot onze wereld, tot 'ons' behoren.

Als Paulus de reële en potentiële zondebokken in het centrum plaatst, zou dit concreet kunnen betekenen dat mensen de zorg voor de ander niet meer als een pleister op een wonde en als een onproductief aanhangsel zouden waarderen. De zorg, de compassie, zou een van de hoofddoelen van de 'samenleving' worden en deze zou uitgroeien tot een intenser samenleven.[87] Ziekenhuizen en andere zorginrichtingen zouden niet meer buiten de bewoonde wereld gebouwd worden – met als argumenten de mindere kosten en de gemakkelijke bereikbaarheid – maar in het hart van de samenleving. De waardering van taken en functies in de maatschappij zou veranderen. De taken waarop nu neergekeken wordt, zoals de vuilnisophaaldienst, de schoonmaak van gebouwen, zouden worden gezien als onmisbaar en als een belangrijke vorm van zorg. De samenleving kan dit uitdrukken in bijvoorbeeld de beloning van hen die dit werk verrichten. Maar de waardering voor deze zorg moet ook uitgedrukt worden in respect voor de mensen die dit werk doen.

De zwakkeren in onze samenleving zijn niet alleen degenen die sociaal economisch en educatief kwetsbaar zijn. Ik denk ook aan hen die zich bedreigd voelen door 'anderen', en misschien daarom radicale, aanstootgevende opvattingen koesteren en onverhuld of verhuld leven vanuit het willen toepassen van het zondebokmechanisme. De verleiding hun angst niet ernstig te nemen en hen op hun beurt te vervolgen en aan te klagen kan groot zijn. Maar hoeveel verhalen er ook aansturen op uitsluiting en het aanwijzen van zondebokken, de oude tekst van Paulus zal in die discussie blijven terugkeren. Hij heeft al twintig eeuwen lang een onnavolgbare, maar onmiskenbare invloed uitgeoefend en zal ook in de eenentwintigste eeuw blijven doorwerken zoals gist in het meel.

Nawoord: W!J is veel

Nico Schreurs

Alfa's hebben, zoals bekend, niet zo veel op met cijfers. Eén, twee, veel, dat is het wel zo'n beetje. Ik, wij, zij, dat is meer hun ding. Daarmee is precies het voornaamste samenstel van relaties in deze bundel aangegeven. Het lijkt vooral om het wij te gaan. Het wij is dominant, maar het ik is ook prominent aanwezig. Ieder van de auteurs heeft vanuit een sterke persoonlijke betrokkenheid een wij-groep onder de loep genomen. Dat maakt de bundel spannend. Het is niet een plichtmatige, door de onderzoeksmethode voorgeschreven, beschrijving van de meest representatieve groepen uit onze samenleving geworden. De empathie heeft van de auteurs goede waarnemers gemaakt. Als lezer word je meegenomen in hun ervaringen. Je voelt je gegeneerd door de openhartigheid van de bloeiende maagden; je leeft mee met de gemengde families in roman en tv-serie; je herkent geïdealiseerde én realistische ervaringen bij de stilteretraites; je bewondert de eenvoud en de radicale consequenties van Paulus' beeldspraak en je proeft de problemen van de Suryoye.

Naast het wij en het ik is er dan ook nog het zij. De empathie gaat niet ten koste van de mensen die niet tot de wij-groep horen. Inzet van het onderzoek is steeds het *nieuwe* wij geweest, dat niet al bij voorbaat uitgaat van een tegengesteld zij. Wat hebben we nodig om ons een voorstelling te kunnen maken van zo'n nieuw wij? In alle bijdragen bespeur ik niet alleen een grote betrokkenheid, maar nog meer. Noem het de dimensie van het Andere, van dat wat voorbij woorden gaat. En dat je nooit met feitelijke nauwkeurigheid kunt beschrijven, maar waar je in kunt geloven. Veel bijdragen lijken te zeggen dat er geloof nodig is om van 'ik' 'wij' te maken.

Als theoloog zou ik die dimensie misschien meer in religieuze termen hebben beschreven. Daarbij denk ik aan Friedrich Schleiermacher, die in 1799 opmerkte dat het in geloofszaken bijna onvermijdelijk is om over openbaringen, geïnspireerde boeken, profetieën en wonderen te spreken. '...Men kan veel religie hebben zonder ooit een van deze begrippen te hebben aangetroffen. Maar wie gaat vergelijken en over zijn religie reflecteert, vindt ze onvermijdelijk op zijn weg en kan er niet omheen.'[88] Nieuw W!J is een project van het Dominicaans Studiecentrum voor Theologie en Samenleving (DSTS). Dit studiecentrum heeft in de afgelopen jaren een opmerkelijke ontwikkeling doorgemaakt. De Nederlandse provincie van de orde van de dominicanen is het Studiecentrum in 1988 begonnen om vrij aan theologie te kunnen doen. Vrij, dat wil zeggen zonder bij voorbaat zich te verplichten tot kerkelijke rechtzinnigheid in leer en leven, maar ook zonder zich te onderwerpen aan de eisen van hoeveelheid en kwaliteit die de overheid stelt aan instellingen die zij subsidieert. Die vrijheid heeft het DSTS vooral gebruikt om kritisch te speuren naar nieuwe onderzoeksterreinen. Niet gehinderd door overdreven loyaliteit ten opzichte van kerkelijke autoriteiten of door slaafse aanpassing aan wetenschappelijke normen en waarden kon het DSTS onderzoek doen en zich wagen op nieuwe, onontgonnen gebieden. Het DSTS wil zo (ik citeer nu een omschrijving van één van de auteurs van de bundel, André Lascaris) 'een theologische vrijplaats zijn, deelnemen aan het publieke debat, bondgenoot zijn van het progressief kerkelijk draagvlak, maar ook eigen vragen stellen'.

De Nederlandse dominicanen hebben het devies opgevolgd van hun orde om aan anderen, aan de zij buiten de wij, datgene door te geven wat zij zich door bezinning eigen hadden gemaakt ('contemplata aliis tradere') en zij hebben dit op een paar punten radicaal doorgevoerd. Denk aan de vieringen in de Dominicuskerk in Amsterdam of aan de brief over voorgangers in de parochies ('Kerk & Ambt. Onderweg naar een kerk met toekomst', Nijmegen 2007). Het DSTS heeft eerst nieuwe velden in de theologie opgezocht, onder andere de postmoderniteit, de toekomst in een natraditionele tijd, verschil en verbondenheid. Verslagen van deze zoektochten op onbekend terrein zijn gepubliceerd in *Theologische Cahiers*. Daarna zijn nieuwe vormen van communicatie aangeboord: getuigenisboeken zoals de bestseller *Moderne devoties. Vrouwen over geloven* (Amsterdam 2005) en websites, zoals Reliflex en nu Nieuw Wij. Een opmerkelijke ontwikkeling, maar wel consequent. Op zoek naar een nieuw wij in Nederland, zoals de titel van het huidige onderzoeksproject van het DSTS luidt, gaat nog steeds uit van het zoeken naar nieuwe wegen om door te geven wat na rijp beraad (contemplatie!) de huidige kernpunten van geloven zijn. Maar dat gebeurt nu minder expliciet theologisch.

We delen niet allemaal dezelfde religie. Maar de auteurs van deze bundel hebben zich wel laten inspireren door het geloof in een nieuw wij en door gedeelde ervaringen van veelheid, die niet per se tot een eenheid hoeven te worden gereduceerd.

Over de auteurs

Jonneke Bekkenkamp (Boekelo, 1955) studeerde theologie in Utrecht en Amsterdam. Zij promoveerde in 1993 op een onderzoek naar literaire bronnen van theologiebeoefening. Ze is universitair docent bij de afdeling Kunst-, religie- en cultuurwetenschappen van de Universiteit van Amsterdam en directeur van Zin & Zaken. Ad interim geeft zij leiding aan het DSTS-onderzoeksprogramma (2009-2013) naar vormen van W!J.

Kees den Biesen (Maastricht, 1959) is literatuurwetenschapper, filosoof en theoloog. Hij promoveerde in Nijmegen op een studie over Efrem de Syriër. Als christelijk intellectueel is Kees bijzonder geboeid door de wisselwerking tussen kunst, intellect en levensbeschouwing. Hij is freelance docent aan verschillende instellingen van het Hoger Onderwijs voor Ouderen en werkt voor het Nederlandse bisdom van de Syrisch Orthodoxe Kerk.

Kees de Groot (Den Helder, 1966) is socioloog en theoloog. Hij doceert praktische theologie aan de Universiteit van Tilburg. Daarnaast speelt hij in theaterproducties. Hij publiceerde boeken en artikelen over de Nederlandse godsdienstsociologie; pinkstergemeenten; religie en geestelijke gezondheidszorg (dissertatie Leiden

1995), geloofsverantwoording, parochies en fluïde vormen van religieuze gemeenschap.

André Lascaris (Amsterdam, 1939) is dominicaan. Hij promoveerde in 1970 in Oxford, en doceerde in Hammanskraal (Zuid-Afrika), Amsterdam en Nijmegen. Hij was redactiesecretaris van het weekblad De Bazuin en bekleedde verschillende bestuurlijke functies. Van 1973 tot 1992 was hij betrokken bij een vredesproject voor Noord-Ierland. Sinds 1988 is hij lid van de staf van het DSTS.

Nico Schreurs (Velsen, 1941) is emeritus hoogleraar theologie aan de Universiteit van Tilburg. Zijn onderzoeksterrein was verzoening. Hij is initiator van het Nederlandse Schleiermacher Genootschap.

Inez van der Spek (Delft, 1958) heeft theologie gestudeerd in Nijmegen en cultuurwetenschappen en genderstudies in Utrecht. Ze heeft gewerkt als onderzoeker, docent en programmacoördinator. Van 2004-2008 was ze staflid van het DSTS. Zij is nu zelfstandig schrijfster, onderzoeker en tekstredacteur. In haar teksten legt ze dwarsverbanden tussen levensbeschouwing, hedendaagse kunst & literatuur en samenleving, vaak vanuit een interculturele invalshoek.

Joris Verheijen (Utrecht, 1970) is historicus en filosoof. Naast zijn wetenschappelijk onderzoek heeft hij een eigen coachingspraktijk (*www.vuur-werk.org*) en verzorgt hij trainingen en cursussen op het snijvlak van filosofie, literatuur en ethiek.

Noten

[1] Raoul Vaneigem, *The Revolution of Everyday Life*, Londen 2006. [Vertaling van *Traité de savoir-vivre à l'usage des jeunes générations*. Parijs 1967]
[2] Met dank aan Ien van Nieuwenhuijzen voor de titelsuggestie.
[3] In vertaling verschenen in *De Groene Amsterdammer* van 11 februari 2010.
[4] Herman Kohl (red.), Hegels Theologische Jugendschriften, Tübingen 1907, 266.
[5] Slavoj Žižek, *Tarrying with the Negative: Kant, Hegel and the Critique of Ideology*, Durham 1993, 31.
[6] Abdelkader Benali, *De langverwachte*, Amsterdam 2003, 315.
[7] TÜRKISCH FÜR ANFÄNGER. Reg. Edzard Onneken, Oliver Schmitz, Christian Ditter. Scenario Bora Dagtekin. DVD. Das Erste, 2006-2008.
[8] Patricia Pisters en Wim Staat, red., *Shooting the Family. Transnational Media and Intercultural Values*, Amsterdam 2005.
[9] Pisters 2005, 210.
[10] Pisters 2005, 20.
[11] Simon Critchley, *Infinitely Demanding. Ethics of Commitment, Politics of Resistance*. London/New York 2007.
[12] Critchley 2007, 79.
[13] Met dank aan Joris Verheijen voor de suggestie.
[14] Benali 2003, 286.
[15] Benali 2003, 2.
[16] Benali 2003, 10.
[17] Benali 2003, 355.
[18] Benali 2003, 359.

[19] Ibidem.
[20] Benali 2003, 358.
[21] Marie-Aude Baronian, 'Archiving the (Secret) Family in Egoyan's FAMILY VIEWING'. In: Pisters en Staat 2005, 161.
[22] Willem Schinkel, *Denken in een tijd van sociale hypochondrie. Aanzet tot een theorie voorbij de maatschappij*, Kampen 2008a (tweede verbeterde druk), 480.
[23] Willem Schinkel, *De gedroomde samenleving*, Kampen 2008b, 16.
[24] Schinkel 2008b, 147-149.
[25] Schinkel 2008b, 153.
[26] Alberto Manguel, *Stad van Woorden*. Amsterdam 2008, 141. [Oorspronkelijke titel: *City of Words*, Toronto 2007. Vertaling door Auke Leistra]
[27] Manguel 2008, 43. Prototypisch voor deze positie is Stanley Fish, *Is There a Text in This Class? The Authority of Interpretive Communities*. Zie ook Salmon Rushdie, *Is dan niets meer heilig?* en in Nederland Rob Riemen, *Adel van de geest*.
[28] Manguel 2008, 148-149.
[29] Manguel 2008, 37.
[30] Manguel 2008, 36.
[31] 'Beschaving geeft ruimte aan verschil'. LUX. IKON. 12 januari 2010.
[32] Martin Buber, *Ik en gij*, Utrecht 1969 (derde druk), 41, 45. [Oorspronkelijke titel: *Ich und Du*. 1923. Vertaling door I.J. van Houte]
[33] Buber 1969, 48.
[34] Buber 1969, 16.
[35] Buber 1969, 52.
[36] Buber 1969, 110, 71.
[37] Buber 1969, 122.
[38] Colin Wilson, *The Outsider*, Londen 1978, 12. [eerste druk Londen 1956]
[39] Wilson 1978, 62.
[40] Paulien Cornelisse, *Taal is zeg maar echt mijn ding*, Amsterdam 2009, 152.
[41] *Donkey God en het Bonus-sacrament*. Door De Bloeiende Maagden. Festival Boulevard, 's Hertogenbosch. 17 augustus 2008.
[42] 'En de mandjes rammelen en ritselen.' *Brabants Dagblad*, 12 augustus 2008; 'Bloeiende Maagden verrichten wonderen in spuugbak', *Algemeen Dagblad*, 14 augustus 2008; http://www.ad.nl/cultuur/2527865/De_schuld_en_schaamte_voorbij.html; NRC, 15 augustus 2008; 'De Bloeiende Maagden naar reiniging van de geest', *Trouw*, 21 november 2008. Voor persbericht en speellijst zie: http://

www.harrykies.nl. Gesprek met Ingrid Wender (5 juni 2009) en koorlid/dienaar Patrick Nederkoorn (8 januari 2010).

[43] *Algemeen Dagblad*, 1 december 2008.

[44] *BN/De Stem*, 3 december 2008.

[45] *Nederlands Dagblad*, 6 december 2009.

[46] *Trouw*, 18 december 2008.

[47] Minou Bosua bereidt met religiewetenschapper en theatermaker Patrick Nederkoorn een nieuwe serie alternatieve kerkdiensten voor. Ingrid Wender rondt een documentaire over bijna-dood-ervaringen af en geeft workshops Matrix Energetics, 'een compleet systeem van healing en transformatie gebaseerd op de subtiele wetten van de quantumfysica, bewustzijn en gerichte intentie'.

[48] De Bloeiende Maagden hielden op zaterdag 16 augustus 2008 ook een publiek voorgesprek op de Late Night Show in de Koningstheateracademie te 's-Hertogenbosch. Voor een interview zie bijvoorbeeld:
http://www.destoep.nu. 5 januari 2009.

[49] David Bos, 'God en ezel. Veertig jaar na Van het Reve's vervolging wegens smalende godslastering', *Theologisch Debat*, jrg 1, nr.3, 2006, 41-49.

[50] Johan Goud, 'De waarde van spot. Een theologische kijk', *Theologisch Debat* jrg. 4, nr. 3, 4-11.

[51] Kees de Groot, 'Soulservice. Zorg voor de ziel buiten de parochie', in: Hessel Zondag e.a., *Kwetsuren van de ziel*, Nijmegen, 2007, 101-120.

[52] Jeroen Jeroense, *De speelse kerk: Een pleidooi voor theater in de kerk*, Zoetermeer 1995.

[53] Emile Durkheim, *Les formes élémentaires de la vie religieuse*, Parijs 1991 [1912].

[54] Victor Turner, *From ritual to theatre. The human seriousness of play*, New York 1982, 86.

[55] Joep de Hart, *Voorbeelden en nabeelden. Historische vergelijkingen naar aanleiding van de dood van Fortuyn en Hazes*, Den Haag 2005.

[56] Kees Schuyt, *Over het recht om wij te zeggen. Groepstegenstellingen en de democratische gemeenschap*, Amsterdam 2009, 32-34.

[57] De Syrisch-Orthodoxe Kerk, de met Rome geünieerde Syrisch-Katholieke en Maronitische Kerken, de Oude Kerk van het Oosten, de Assyrische Kerk van het Oosten, en de met Rome geünieerde Chaldese Kerk. Zie: Teule, Herman, Anton Wessels (red.), *Oosterse christenen binnen de wereld van de islam*, Kampen 1997, 151-185.

[58] Ook de verwante termen *Suryani* en *Asuri* werden veel gebruikt. Omdat de term 'Syrisch' onwillekeurig associaties oproept met de staat Syrië, noemen veel Suryoye zichzelf liever 'Arameeër' of 'Assyriër'. De vroegere 'Kerk van

het Oosten' is zich zelfs 'Assyrische Kerk van het Oosten' gaan noemen. Rond deze termen is echter een ideologische strijd ontstaan, die grote verdeeldheid heeft veroorzaakt en een groeiend aantal jongeren ertoe brengt om ook in het Nederlands de neutrale term 'Suryoyo' te gebruiken.

[59] Kees den Biesen, *Simple and Bold: Ephrem's Art of Symbolic Thought.* Piscataway NJ 2006. Momenteel bereid ik een boek over Efrem voor, dat de komende zomer uitkomt bij uitgeverij Kok: *Dank aan het Verborgen Licht: de vroegchristelijke poëzie van Efrem de Syriër.*

[60] Zie het onderwerp 'aartsbisdom op de site van http://www.morephrem.com (1 maart 2010). Binnen de Syrisch-orthodoxe Kerk maakte men tot voor kort een onderscheid tussen een 'metropoliet' ofwel stadsbisschop en een 'gewone' bisschop, die voor het platteland verantwoordelijk was. Tegenwoordig dragen bisschoppen meestal de titel van 'metropoliet', die in Europese talen ten onrechte vaak met 'aartsbisschop', 'archbishop', 'Erzbischof' etc. wordt vertaald en de indruk wekt, dat het gaat om het hoofd van een hele kerkelijke hiërarchie.

[61] Omdat christenen uit de overige Syrische kerken hier verder niet ter sprake komen, gebruik ik in het vervolg, tenzij anders aangegeven, 'Suryoyo' als synoniem met 'Syrisch-orthodox'.

[62] Zie: *Wikipedia*. 'Dioceses of the Church of the East to 1318.' 28 december 2009 (*http//www.wikipedia.org*).

[63] Op even grote schaal werden de Grieks Orthodoxen uit Turkije verdreven. Een eeuw geleden was ongeveer 30% van de bevolking op het nieuwe Turkse grondgebied Christen, tegenwoordig is dat minder dan 1%. Zie: Sebastian P. Brock en Witold Witakowski (red.), *De verborgen parel: De Syrisch-Orthodoxe Kerk en haar oude Aramese Erfgoed. Deel III: Aan het begin van het derde millennium; de Syrisch-Orthodoxe getuigenis.* Rome: Trans World Film, 2001: 65-69. Dit driedelig werk is verkrijgbaar via: http://www.morephrem.com in een Nederlandse, Engelse en Duitse editie, en is voorzien van drie videocassettes.

[64] Vanwege de afwijzende houding van de Nederlandse regering, die weigerde de Suryoye als politieke vluchtelingen te eknnen, bezetten zo'n 200 Suryoye in 1979 maandenlang de St. Jan in Den Bosch. Daarmee brachten zij hun precaire situatie onder de aandacht van pers en media, wat de regering overstag deed gaan en in feite de basis legde voor hun nieuwe toekomst in Nederland.

[65] Zie voor een overzicht van deze ontwikkelingen Jan Schukkink, *De Suryoye, een verborgen gemeenschap: Een historisch-antropologische studie van een Ensche-*

dese vluchtelingengemeenschap afkomstig uit het Midden-Oosten, Enschede 2003, 93-147.

[66] Zie het ooggetuigenverslag van Karabashi in: Abed Mschiho Na'man Karabashi, *Vergossenes Blut. Geschichten der Gräuel, die an den Christen in der Türkei verübt, und der Leiden, die ihnen 1895 und 1914-1918 zugefügt wurden*, Glane-Losser 2002.

[67] Zie Nuri Kino, 'Genocide and Repentance', 27 mei 2009: http://www.aina.org/guesteds/20090527142019.htm.
Zie ook Seyfo Center: http://www.seyfocenter.se.

[68] Zo hebben de erkenning van de *Seyfo* door de Zweedse Socialistische Partij in november 2009 en de aankondiging van de oprichting van een *Seyfo* monument in Australië felle kritiek en dreigementen opgeroepen van de kant van Turkse instanties in Turkije en daarbuiten. De officiële erkenning van de genocide door de Turkse staat zou ook de erkenning inhouden van de Suryoye als religieuze en etnische minderheid. Tot op de dag van vandaag is het hun verboden om onderwijs te geven in de eigen godsdienst en in de eigen taal.

[69] Er zijn meerdere Suryoyo-kookboeken gepubliceerd, waaronder het boek *The Syrian Urhoyan Cuisine. The Art of Edessan Cookery*, Burbank CA 1999. De auteur, Joseph Tarzi, is pastoor van een grote parochie in Los Angeles.

[70] Voor een overzicht van de kerkelijke organisatie van de Syrisch-orthodoxe Kerk als geheel, zie Claude Sélis, *Les Syriens orthodoxes et catholiques*. Leuven 1988, 210-221. Ik beperk mij hier strikt tot de situatie in Nederland. Elders, met name in Zweden, is de kerkelijke organisatie wat meer ontwikkeld.

[71] Deze organisatie heet Syrisk Ortodoxa Kyrkans Ungdomsförbund i Sverige. Ze hebben een eigen website: http://www.soku.org. Vanwege haar grote maatschappelijke relevantie ontvangt SOKU veel subsidies van de Zweedse staat, wat natuurlijk van fundamenteel belang is voor het welslagen van de organisatie.

[72] Victor Turner, *The Ritual Process. Structure and Anti-Structure*, Londen 1969. Zie ook het artikel van Kees de Groot op pag. 76 e.v.

[73] W.A. Meeks, *The First Urban Christians. The Social World of the Apostle Paul*, Londen 1983, 94-110.

[74] R.G. Hamerton-Kelly, 'A Girardian Interpretation of Paul: Rivalry, Mimesis and Victimage in the Corinthian Correspondence', in: *Semeia* 33 (1985), 66-81.

[75] Zie het gedeelte over Martin Buber in het artikel van Jonneke Bekkenkamp op pag. 42, 50 e.v.

[76] Schinkel, 2008b, 17-25. Zie ook Willem Schinkel, 'Er is veel meer binding dan we beseffen', in: Bart Brandsma en Manuela Kalsky, W!J-land. Voorbij de bindingsangst, Kampen 2009, 101-110.

[77] M. Douglas, *Purity and Danger. An analysis of the concepts of pollution and taboo*, New York 1966.

[78] Titus Livius, *Ab Urbe Condita* 2, 32.

[79] Zie F. Meijer, *Macht zonder grenzen. Rome en zijn imperium*, Amsterdam 2005, 53-56. Zie ook het tweede en derde hoofdstuk in E. Auerbach, *Mimesis. Dargestellte Wirklichkeit in der abendländischen Literatur*, Bern 1946.

[80] Daarom zet Schinkel het woord 'integratie', en daarvan afgeleide woorden, telkens tussen haakjes. Omdat dit het leesgemak niet ten goede komt, laat ik dit verder na.

[81] Schinkel 2008b, 115-116.

[82] Schinkel 2008b, 116.

[83] Zie onder meer R. Girard, *Wat vanaf het begin der tijden verborgen was...*, Kampen 1990.

[84] Girard 1990, 122-146.

[85] Girard 1990, 26-29.

[86] P. Dumouchel, 'Inside Out, Political Violence in the Age of globalization'. In: *Contagion. Journal of Violence, Mimesis and Culture*, 15/16 (2008-2009), 173-184.

[87] Zie mijn artikel 'Mag ik 'wij' zeggen? Een ontmoeting van de barmhartige Samaritaan met drie postmoderne filosofen'. In: Manuela Kalsky e.a. (red.), *Herfsttij van de moderne tijd. Theologische visies op het postmoderne*, Nijmegen 1994, 51-69.

[88] F.D.E. Schleiermacher, *Über die Religion. Reden an die Gebildeten unter ihren Verächtern*, Berlijn 1799, 116. Citaat uit de Nederlandse vertaling van A.A. Willems, Den Haag 1990, 83.